Ingrid Hoepner

Blutfette senken mit Ingwer

Gewürze - Schlüssel zu gesunder Ernährung und Wohlbefinden

75 Rezepte

wie Sie mit Gewürzen fit bleiben

VERLAG FÜR MEDIZINISCHES GRENZWISSEN

Ich danke meinem Mann,
mit dessen Hilfe und liebevoller Mitarbeit
dieses Buch entstanden ist.

ISBN 3 - 933122 - 00 - 7

1. Auflage 1997

Satz & Gestaltung: AV-Medienservice, Haßloch

Druck und Bindung: Zechnersche Buchdruckerei
GmbH & Co. KG, Speyer

INHALTSÜBERSICHT

Wichtiger Hinweis

Mit größtmöglicher Sorgfalt wurden die Recherchen zu diesem Buch durchgeführt und bei der Verfassung des Textes auf die Berücksichtigung des letzten Erkenntnisstandes geachtet. Dennoch können weder der Autor noch der Verlag Haftung für die Gültigkeit der Information in dem vorliegenden Buch übernehmen. Autor und Verlag empfehlen ausdrücklich bei allen Erkrankungen die Beratung und Behandlung durch kompetente Mediziner in Anspruch zu nehmen und mit diesen die Verwendung von Gewürzkräutern sowie anderen in diesem Buch genannten gesundheitsfördernden Nahrungsmitteln und entsprechenden Anwendungen abzusprechen.
Keinesfalls sollten die Informationen in diesem Buch als Aufforderung zur Selbstmedikation bei behandlungsbedürftigen Erkrankungen verstanden werden. Ärzte, Heilpraktiker und Apotheker können fachlich kompetente Auskünfte für die individuelle Anwendung, die generelle Eignung, die geeignete Dosis und Anwendungsweise der in diesem Buch genannten Genesungshilfen geben und sollten vor deren Einsatz unbedingt konsultiert werden.

Vorbemerkungen

Erhöhte Blutfette und Ernährung, sind ein seit Jahren aktuelles Thema, über das viel Verwirrung und Uneinigkeit in der medizinischen Fachwelt herrscht, sowohl hinsichtlich der Normalwerte wie auch im Hinblick auf dic Entstchung und Beeinflussung des Cholesterins durch die Ernährung. Allgemein ist man der Ansicht, daß eine gezielte Ernährung dafür von grundlegender Bedeutung ist. Gleich vorweg, es soll nicht die Aufgabe dieses Buches sein über cholesterinreiche oder cholesterinarme Nahrung zu sprechen. Denn die Beziehung zwischen einem hohen Blutcholesterin und einer cholesterinreichen Ernährung steht auf tönernen Füßen. Als sicher gilt - und das untermauert diese Aussage, daß der Organismus 80 % des vorhandenen Cholesterins selbst bildet und nur 20 % aus der Nahrung aufnimmt. Eine amerikanische Studie sagt aus, daß der Körper die Aufnahme von Cholesterin aus der Nahrung blockiert, sobald die körpereigene Produktion krankhaft erhöht ist.

Viel wichtiger erscheint mir dagegen eine vernünftige Ernährungsweise zu sein, nämlich mit Nahrung, die Vitalstoffe, Mineralien und Spurenelemente enthält, sowie Kräuter und Gewürze, die das "Verdauungsfeuer" anregen, damit die Speisen nicht zu lange im Darm verweilen und nicht in Gärung und Fäulnis übergehen. Denn auf diesem Weg gelangen Toxine (Gifte) ins Gewebe, die, je nach Konstitution des betreffenden Menschen, zu unterschiedlichen Krankheiten führen können.

Ziel gesunder Ernährung und richtigen Würzens ist es, die Verdauung so weit wie möglich zu erleichtern, damit sie den Körper wenig belastet. Erhöhte Blutfette sind stets die Folge einer zu schwachen und fehlgesteuerten Verdauung.

Ich möchte Sie deshalb auf eine kulinarische Entdeckungsreise mitnehmen, bei der die Gewürze eine zentrale Rolle spielen, zur Freude des Gaumens - aber besonders zur Förderung Ihres Wohlbefindens.

Die empfohlenen Rezepte stammen aus den verschiedensten Quellen, wurden teilweise geändert, wenn es die Kochpraxis erforderte und hinsichtlich der Zutaten weitgehend auf Mengen für 4 Personen vereinheitlicht. Viele Anregungen stammen aus den Büchern von *Dr. E. Schrott, "Die köstliche Küche des Ayurveda"* und *"Ayurveda für jeden Tag"*, die ich jedem Interessierten zur Vertiefung wärmstens empfehlen kann.

Gewürze - Juwelen in Küche und Heilkunde

Das Gleichgewicht von Stoffwechsel, Verdauung,
Körpergeweben und Ausscheidungen
sowie Glückseligkeit von Bewußtsein, Geist und Sinnen
sind die Voraussetzung für Gesundheit.
(Susruta)

Daß Ernährung einen Einfluß auf den Charakter eines Menschen haben kann, ist im *Ayurveda*, der alten indischen Gesundheitslehre bekannt. Aber auch bei uns weisen Sprichwörter wie *"Der Mensch ist, was er ißt"* auf diesen Zusammenhang hin.

Rohes gereiftes Obst, Gemüse, Salate, Nüsse, Getreide, Feigen, Datteln sowie kaltgepreßte Öle, geklärte Butter, Oliven, Kokosnüsse und aromatische Gewürze sind *sattwische* Nahrungsmittel. Sie reinigen den Körper und führen ihm viel Sonnenenergie zu, vermitteln geistige Klarheit, Wachheit und Gedankenkraft. *Sattwisches* Essen ist von der Grundtendenz her süß, leicht verdaulich, ölig und ausgeglichen im Nährstoffgehalt.

Im Gegensatz dazu regen manche Nahrungsmittel oder auch deren falsche Zubereitung *Rajas* an, wodurch die geistige Entwicklung gehemmt wird. *Rajasische* Nahrung ist für Krieger geeignet, für Menschen die sehr leistungsbetont und materiell orientiert sind. Sie besteht aus scharf gewürzten Speisen, z. B. salzigem Käse, Ketchup, Tiefkühlkost, Zwiebeln, Lauch und Knoblauch. Im Übermaß genossen fördert diese Ernährung Gefühlswallungen, Ärger, Reizbarkeit und Neid.

Als *tamasische* Nahrung bezeichnet man diejenige, die zu lange gekocht, wieder aufgewärmt oder lange warm gehalten wird. *Tamasische* Eigenschaften werden gefördert durch große Mengen von Fleisch, Wurst oder Fisch, Käse sowie Schokolade. Ebenso durch extrem kalte oder heiße, schwere, saure oder ungesund süße Speisen. Diese Ernährungsweise benötigt übermäßig viel Energie zur Verdauung, sie macht Geist und Körper träge, stumpft ab und steigert das Triebverlangen. Sie fördert die Entstehung ernsthafter Krankheiten.

In jedem Menschen sind diese 3 Möglichkeiten angelegt. Für Wohlbefinden und Gesundheit müssen jedoch die individuellen Bedürfnisse jedes Einzelnen stets berücksichtigt werden. So wird das Essen je nach Konstitution, Veranlagung, und Temperament des Betreffenden stets anders aussehen. Geniessen Sie deshalb jede Mahlzeit, aber schulen sie Ihre Sinne für das, was Ihnen gut tut und für Sie wichtig ist. Der richtige Umgang mit den Gewürzen wird Ihnen auf diesem Weg behilflich sein, nicht zuletzt dadurch, daß neben dem Geschmackssinn auch der Geruchssinn stimuliert wird, denn aus einer guten Küche duftet es nach Essen.

Gewürze wurden zuerst als Heilmittel gebraucht. Schon vor vielen Jahrtausenden dienten sie in Indien zur Einbalsamierung, zum Herstellen von Salben, Medikamenten und Schönheitsmitteln. Auch in der Bibel finden sich zahlreiche Hinweise auf wertvolle Gewürze. Die Heiligen Drei Könige machten dem Christuskind unter anderem Weihrauch und Myrrhe zum Geschenk. Zimt und Kassia waren Bestandteile des heiligen Öls, mit dem Moses die Bundeslade salbte.

Auf der Suche nach diesen einfachen, vergleichsweise unscheinbaren Handelswaren sind ganze Kontinente entdeckt und unterworfen, Imperien gegründet und zerstört worden, denn Gewürze waren so wertvoll wie Gold. Sie waren Bestandteile königlicher Geschenke, galten als anerkanntes Zahlungsmittel für Steuern, oder wurden zur Entrichtung von Abgaben nach verlorenen Kriegen benutzt.

Gewürze zum Kochen verwendeten erst die Römer kurz nach Christi Geburt, bevorzugt um den Geruch von verdorbenem Fleisch zu übertönen. Außerdem wurden sie zum Konservieren von Nahrungsmitteln verwendet, schon bald jedoch setzten die Römer sie zum Verfeinern ihrer Speisen ein.

Anders als in östlichen Ländern, in denen Gewürze sich seit tausenden von Jahren gleichbleibender Beliebtheit erfreuen, sind ihre Bedeutung und ihr Verbrauch bei uns zunehmend seltener geworden.

In den letzten Jahren jedoch scheint eine Rückbesinnung einzukehren, eine Hinwendung zu natürlicher Ernährung ist zu erkennen und so rückt auch die Bedeutung dieser kostbaren Schätze wieder stärker in den Vordergrund. Hinzu kam, daß Forschungergebnisse aus allen Ländern der Welt bestätigten, Nahrungsmittel, vor allem aber Kräuter und Gewürze wirken ähnlich wie moderne Medikamente, manchmal sogar noch besser und was wichtig ist - ohne die gefährlichen Nebenwirkungen.

In diesem Buch erfahren Sie, wie sie mit auserlesenen Gewürzen aus einem einfachen Essen eine Delikatesse zubereiten und dabei gleichzeitig Stoffwechselstörungen verhindern können. Damit Vielfalt und Aroma der Gewürze sich ungehindert entfalten, ist die richtige Verwendung von großer Bedeutung. Bewahren Sie deshalb Gewürze in luftundurchlässigen Behältern auf und mahlen oder zerstoßen Sie Samen, Rinden und Wurzeln erst kurz vor der Zubereitung. Das Mahlen der Gewürze ist in der täglichen Handhabung etwas schwierig, weil die verwendete Mühle jedesmal umständlich gereinigt werden muß, bevor man ein anderes Gewürz einfüllt. Deshalb habe ich mir angewöhnt, die Gewürze in einem Mörser zu zerstoßen. Man bekommt dabei ein besseres Gefühl für die benötigte Menge und der Mörser ist nach dem Gebrauch leicht zu reinigen. Man sollte aus praktischen Gründen einen Porzellanmörser von mindestens 8 - 10 cm Durchmesser verwenden, der beim Benutzen leicht auf der Arbeitsplatte festzuhalten ist und in dem man die verwendeten Mengen gut verarbeiten kann. Besonders wichtig ist das Anrösten der Gewürze in geklärter Butter oder Butterschmalz. (Auf deren Herstellung oder Bezugsmöglichkeit wird im Folgenden noch näher eingegangen). Das Anrösten stellt eine typische Zubereitungsart in der ayurvedischen Küche dar, bei der die ganzen Samen erhitzt werden, bis sie zerplatzen. Gemahlene Gewürze werden nur kurz angeröstet.

Die aus meiner Sicht bedeutsamen Gewürze und Kräuter werden in diesem Buch im Einzelnen besprochen und wenn es mir wichtig erschien, auch durch Teeempfehlungen ergänzt. Darauf folgt eine Auswahl von Kochrezepten und Zubereitungen, wie Sie die Gewürze einsetzen können. Natürlich wird es kaum Gerichte geben, die sich mit der Verwendung von nur einem Gewürz begnügen, denn nur die richtige Kombination ergibt oft erst den unverwechselbaren Geschmack und verspricht auch hinsichtlich seiner verdauungsfördernden Eigenschaften erst die volle Wirkung.

Von besonderer Bedeutung erscheint mir die Frage des verwendeten Fettes. Deshalb soll dies gleich anschließend besprochen werden. Ebenso habe ich das Rezept einer häufig wiederkehrenden Gewürzmischung vorangestellt, dessen Verwendung einmal für das richtige Gelingen der Gerichte, andererseits aber auch aus gesundheitlicher Sicht von Bedeutung ist.

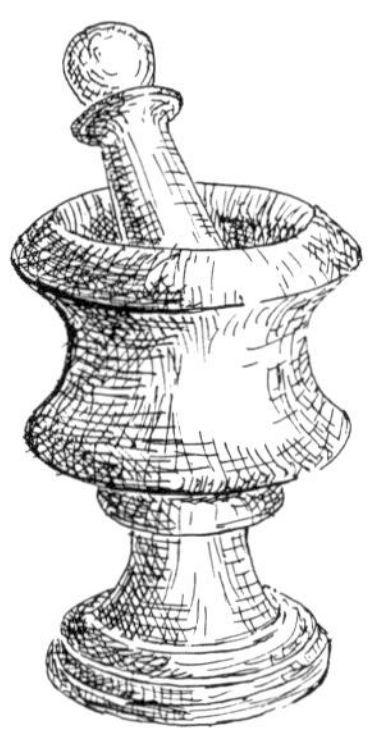

Die Natur gibt eine Apotheke in die Welt;
also daß alle Wiesen und Matten
Apotheken sind.
Nun aber in der Natur ist die ganze Welt
eine Apotheke und nicht mehr denn mit
einem Dach bedeckt.
Nur einer führt den Mörsel soweit die
ganze Welt geht.
Der Mensch aber hat 's particulariter,
nicht in toto, etwas und doch nicht alles.
Denn die natürliche Apotheke übertrifft
die menschliche.

Aus dem Labyrinthus Medicorum
des Theophrast von Hohenheim
(genannt Paracelsus)

Geklärte Butter (Ghee)

Geklärte Butter (ersatzweise Butterschmalz) gilt neben Milch und Honig als eines der natürlichen Mittel zur Vorbeugung gegen Krankheiten.
Die ayurvedische Medizin schätzt Ghee, wie die geklärte Butter in Indien genannt wird, als verjüngend und zellregenerierend, weil es die Abwehrkräfte stärkt, in kleinen Mengen den Cholesterinspiegel senkt und fettlösliche Umweltgifte bindet und ausleitet. Zudem ist die Verwendung von Butterfett eine der wirkungsvollsten Maßnahmen, um das von Amalganfüllungen herrührende Quecksilber auszuleiten. Dasselbe gilt für freie Radikale, die ebenfalls ausgeleitet werden - was wiederum den Zellen Schutz für einen geordneten Stoffwechsel sichert.
Mit Butterfett gekochte Speisen werden bekömmlicher, ihr Vitamingehalt wird beim Dünsten bewahrt.
Die mit der Nahrung aufgenommende Menge muß jedoch individuell angepaßt sein, kleine Mengen stärken die Verdauungskraft, große dagegen lähmen sie.
Butterfett enthält die Vitamine A, E, Niacin sowie die mineralischen Stoffe, Natrium, Kalium, Calcium, Phosphor, Magnesium, und Eisen.
Die Herstellung im Haushalt ist einfach und kann in größeren Mengen erfolgen, da richtig hergestelltes Butterfett nicht ranzig wird und sehr lange haltbar ist.

500 g (oder mehr) frische ungesalzene Butter in kleinen Stücken in einen Topf geben. Nun kaltes Leitungswasser darauf gießen, anschließend wieder abgießen. Dieser Vorgang wird so lange wiederholt, bis das Wasser klar bleibt und somit alle Milchrückstände entfernt sind. Dann die Butter schmelzen (bei kleiner Hitze) je nach Menge zwischen 1 und 4 Std. köcheln lassen. Das dabei entstehende Geräusch zeigt an, daß noch Wasser in der Butter vorhanden ist, das in jedem Fall durch Kochen entfernt werden muß. Andernfalls ist das Butterfett nicht rein und wird beim Aufbewahren ranzig. Wenn kein "Köchelgeräusch" mehr zu hören ist, füllen Sie die heiße Butter durch ein sauberes Leinentuch in ein Gefäß und verschließen es sofort.

Butterfett soll nicht im Kühlschrank aufbewahrt werden. Füllen Sie es zum täglichen Gebrauch in kleinere Gefäße.
Ersatzweise können Sie auch Butterschmalz nehmen, was in jedem Lebensmittelmarkt erhältlich ist.

Garam Masala

Garam Masala ist eine in der indischen Küche häufig verwendete Gewürzmischung, die kurz vor dem Servieren an ein Gericht gegeben wird. Die hier angegebene Mischung ist nur eine von vielen möglichen Varianten.

1 EL. Kardamom
1 EL Zimt
1/2 TL schwarze Pfefferkörner
1/2 TL Nelken
1/2 TL Kreuzkümmel geröstet
1 große Prise Muskatnuß

Die Gewürze im Mörser zerstoßen
und luftdicht verschlossen halten.

Garam Masala ist übrigens auch als fertige Mischung im Handel erhältlich.

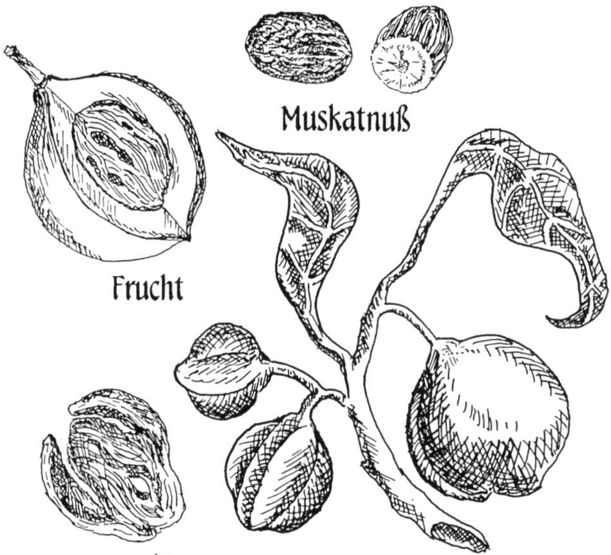

Muskat

Gewürze

von

A - Z

Ajowan-Kümmel

bot.: Carum copticum
oderTrachyspermum ammi

hindi: Ajowan oder Ajwain

Verwendung in der Küche:
Ajowan-Kümmel ist Bestandteil vieler indischer Gewürzmischungen. Zu Gemüse und Fleischgerichten werden die Körner des Ajowan-Kümmels in Öl oder Ghee angebraten und dann erst die anderen Gewürze sowie das Gemüse oder Fleisch dazugegeben.

Heilwirkung:
Medizinisch ist der Samen des wilden Selleries, wie der Ajowankümmel auch genannt wird, als stark verdauungsförderndes Mittel gegen Blähungen und Gärungsprozesse im Darm bekannt.
Weiter löst er Schwellungen und Eiteransammlungen in den Nebenhöhlen und befreit die Atemwege von Schleim, er belebt, erfrischt und regt den Stoffwechsel an.

Heilrezepte:
Anwendung bei fieberhaften Infekten:
1 TL Ajowan-Samen mit 1 Tasse heißem Wasser überbrühen und 5 Minuten ziehen lassen. Von diesem Tee mehrmals täglich 1 Tasse trinken.

Die nachfolgende Mischung hat eine juckreizstillende Wirkung bei Hauterkrankungen:
3g gemahlener Ajowan-Samen mit 1 TL Rohrzucker und etwas Wasser zu einem Brei verrühren. Diese Mischung morgens und abends 15 Minuten vor dem Essen einnehmen.

Anis

bot.: Pimpinella anisum

Verwendung in der Küche:
Wird als Backgewürz für Plätzchen und Brot verwendet, auch als Gewürz für Soßen, Gemüse und Salate. Weiterhin dient es zur Herstellung von Schnäpsen und Likören (Pernod, Ouzo).

Heilwirkung:
Anis besänftigt und beruhigt den Darm, stärkt die Nervenkraft und fördert den Schlaf, wirkt schleimlösend und besitzt erwärmende Eigenschaften. Er gilt als galletreibend, steigert die Milchabsonderung und hemmt die Vermehrung schädlicher Bakterien im Darm.

Heilrezept:
Anwendung als Tee:
1 TL ganze Anissamen mit 1 Tasse heißem Wasser überbrühen, schluckweise trinken.

Empfehlenswert für Kinder. Anis ist mild, stillt Hustenreiz und löst den Schleim.

Asa foetida,
Teufelsdreck, Stink-Asant, Hing

bot.: Ferula asa foetida

Asa foetida oder Teufelsdreck ist das getrocknete Harz aus den Stengeln verschiedener Fenchelsorten. Für medizinische Zwecke wird das reine Harz verwendet. Zum Kochen nimmt man Pulver, das mit Weizen, Reismehl, Kurkuma und Gummi Arabicum vermischt ist.

Verwendung in der Küche:
Gerichte mit Gemüse, Linsen oder Bohnen.

Heilwirkung:
Verdauungsfördernd, blähungsverhindernd, gegen Übelkeit und Erbrechen, verbessert die Darmflora bei Darmparasiten und Pilzinfektionen. Befreit den Darm von alten Kotresten und Ansammlungen, die durch Fleischessen und Fast-Food-Konsum entstanden sind

Asa foetida entfaltet seine Heilwirkung und sein köstliches Aroma bei der Verwendung von *kleinsten Mengen*. Man kombiniert es gerne mit Ingwer, Koriander, Kardamom und Kreuzkümmel. Wegen seines - in größerer Menge - unangenehmen Geruchs soll es in einem luftdicht verschlossenem Glas aufbewahrt werden, da sonst ein schwefelartiger Geruch die ganze Küche durchdringt. Es gibt kein wirksameres Mittel, um die Verdauungskraft anzuregen und gleichzeitig Giftstoffe abzubauen. Deshalb sollte es, genauso wie Pfeffer, in keiner Küche fehlen.

Heilrezept:
bei Blähungskolik:
¼ TL Asa foetida in 1 Tasse heißem Wasser lösen und schluckweise trinken.

Berberitze

bot.: Berberis vulgaris

Verwendet werden die roten fleischigen Beeren der Berberitze, die von säuerlichem Geschmack sind.

Verwendung in der Küche:
Zu Pulver zermahlen werden sie zum Würzen von gegrilltem Fleisch verwendet. Frische (oder in Wasser eingeweichte) Beeren nimmt man zum Würzen von Kompotten, Obst, Süßgebäck, und Soßen zu Wild- und Rinderbraten.

Heilwirkung:
Im Iran und in Indien werden fast alle Pflanzenteile zu Heilzwecken verarbeitet. Bekannt ist der hohe Gehalt an Vitamin C. Im Ayurveda gelten Berberitzen als eines der besten Mittel um Toxine im Körper zu zerstören. Ebenso besitzen sie eine keimtötende Wirkung auf Bazillen und Amöben. Bevorzugt werden die Beeren zur Behandlung von chronischen Darmerkrankungen eingesetzt.
Die erhitzende Kraft der Berberitze nutzt man in der ayurvedischen Heilkunde, um Toxine zu zerstören und Fettgewebe zu verbrennen. Zusammen mit Kurkuma wird die Berberitze bei der Diabetesbehandlung eingesetzt. Sie reinigt die Leber und ist hilfreich bei der Ausscheidung von Gallen- und Nierensteinen.

Heilrezept:
Die arabische Heilkunde empfiehlt zur Reinigung des Darmes und zur Entschleimung tägl. 2 - 3 TL Berberitzenbeeren vor dem Frühstück zu essen.

Bertram

bot.: Anacylus pyrethrum

Verwendung in der Küche:
Kann bei allen Gemüsegerichten, Suppen und Salaten verwendet werden. 2 - 3 Messerspitzen davon werden mitgekocht oder zum Schluß über die Speisen gestreut.

Heilwirkung:
blutbildend, blutreinigend, sekretlösend in den Nasenhöhlen. Kräftigt Magen und Darm, wirksam gegen Fäulnisbakterien, verbessert die Aufnahme von Nährstoffen, regt die Insulinproduktion an, stärkt die Sehkraft.

Bertram ist ein Gewürz, das **die Heilige Hildegard von Bingen** sehr empfiehlt*:
"Bertram mindert die Fäulnis im Menschen und vermehrt das gute Blut, gibt einen klaren Verstand; aber auch den Kranken, der schon fast in seinem Körper gestorben ist, bringt Bertram wieder zu Kräften und schickt im Menschen nichts unverdaut wieder heraus, sondern bereitet ihm eine gute Verdauung."

Heilrezept:
Bei Nebenhöhlenentzündung empfiehlt Hildegard von Bingen morgens 1/2 TL gemahlene Bertramwurzel in 1 Tasse warmem Wasser schluckweise zu trinken.
Empfehlenswert ist auch das Schnupfen von Bertrampulver, mehrmals täglich über 3 - 4 Tage.

* Handbuch der Hildegard-Medizin, Dr. G. Hertzka / Dr. W. Strehlow, Bauer-Verlag, 7.Aufl. 1994

Bockshornklee

Griechisches Heu

bot.: Trigonella foenum-graecum
hindi.: Methi
engl.: fenugreek

Verwendung in der Küche:
Die Saat wird für viele Süßigkeiten und zum Würzen von Gemüsen und Pickles verwendet. Das kräftige Aroma der Blätter dagegen eignet sich zum Würzen von Brot, Lassi (indisches Milchgetränk) und Fleisch. Bockshornklee wirkt appetitanregend. Sein Aroma entfaltet sich erst durch Erhitzen, indem man die Samen in der Pfanne leicht anröstet. Es paßt gut zu Gemüse, Kartoffeln und Auberginen. Bockshornklee ist in jeder Curry-Mischung enthalten.

Heilwirkung:
Medizinisch sind die nach Sellerie schmeckenden Samen der Pflanze von Bedeutung. Sie bestehen zu fast einem Drittel aus einer schleimigen Substanz. Entzündungen des Verdauungstraktes, die mit Übelkeit und Durchfall einhergehen, werden wirksam durch Bockshornklee gelindert. Es ist ein gutes Tonikum bei Schwächezuständen, kräftigt die Nerven in der Rekonvaleszenz und nach Schwangerschaften, steigert die Milchbildung und fördert den Haarwuchs. Gleichermaßen ist es nützlich bei Diabetes und zur Blutdrucksenkung.

Heilrezepte:
Äußerliche Anwendung:
Mit Wasser verrührt läßt sich das Pulver gegen Abszesse und Furunkel verwenden, indem man es als Kompresse auflegt.

Bockshornklee-Wasser gegen Durchfall und Erbrechen:
Für Bockshornklee-Wasser läßt man 35g Samen mit 600 ml Wasser in einem Topf 15 Minuten sieden. Nach dem Abkühlen in mehreren Portionen von 0,2 l über den Tag verteilt trinken.

Cayennepfeffer,

Chili, Peperonie, Pfefferschoten

bot.: Capsicum frutescens

Verwendung in der Küche:
Gemüse, Fleisch, Saucen, kann mit jedem anderen Gewürz, außer mit schwarzem Pfeffer kombiniert werden.

Cayennepfeffer darf wie Paprika nicht stark geröstet werden, da er schnell verbrennt und bitter wird.

Heilwirkung:
Kreislaufanregend, löst Blutgerinnsel auf, kräftigt und reinigt die Lungen, lindert chronische Bronchitis, stärkt das Herz, regt das "Verdauungsfeuer" an und baut Stoffwechselschlacken und Fette ab, verbessert die Verdauung von Rohkost.

Cayennepfeffer ist eine sehr wertvolle Heilpflanze, welche die Wirkung anderer Heilpflanzen noch verstärkt. Sie soll jedoch mit Bedacht verwendet werden, da übermäßiger Gebrauch die Heilwirkung ins Gegenteil verkehren kann.

Curry-Blätter

bot.: Murraya koenigii

Verwendung in der Küche:
Gemüse, Fisch- und Fleischgerichte. In Indien werden stets die frischen Blätter verwendet, in Europa sind sie nur in getrockneter Form erhältlich. Ihr süßliches Aroma mit leicht bitterem Geschmack entfalten sie, wenn man sie zerkleinert in Butterschmalz anbrät und mitkocht.

Heilwirkung:
Curryblätter stärken den Magen. Sie zählen allgemein zu den Kräftigungsmitteln.

Das allgemein bekannte Curry-Pulver wird nicht allein aus den Curryblättern hergestellt, sondern ist eine Mischung verschiedener Gewürze, in der das Kurkuma-Aroma dominiert. In Indien gibt es tausende von verschiedenen Curries, jede Familie hat ihre eigenen Rezepte. Erst kurz vor Gebrauch werden die Gewürze geröstet und dann zu Curry gemahlen. Curry ist der Inbegriff für indische Speisen. Bei uns gibt es eine Reihe fertiger Curry-Mischungen.

An dieser Stelle sollte auch ein mögliches Mißverständnis aufgeklärt werden. Der Begriff Curry wird sowohl für die Pflanze und eine Gewürzmischung, wie auch für eine spezifische Zubereitungsart verwendet.
Als Curry bezeichnet man nämlich ebenso eine Reihe von Gerichten mit verschiedenem Fleisch, Fisch oder Gemüse, die gut gewürzt, beispielsweise zu Reis gereicht werden.

Fenchel

bot.: Foeniculum vulgare, Foeniculum dulcis

Verwendung in der Küche:
Süßspeisen, Tee, Gemüse, Saucen, Backwaren, Käse, Quark. Eine schmackhafte Fenchelart ist der Gemüsefenchel. Das ist in der Medizin angewandte Heilöl findet sich allerdings nur in den Früchten bzw. Samen des *Foeniculum vulgare* und *Foeniculum dulcis.*

Heilwirkung:
Fenchel wirkt entblähend, beruhigend und nervenstärkend. Fördert den Schlaf, verbessert das Sehvermögen, wirkt harntreibend und antibakteriell. Fenchelsamen stärkt die Konstitution bei Kindern. Sein Duft wirkt auf den Geist und fördert die Aufmerksamkeit. Vor dem Essen gekaut, vermindert Fenchel des Hungergefühl und wird deshalb bei Diäten eingesetzt. Nach dem Essen gekaut, geben die Samen frischen Atem und helfen verdauen.
Im Mittelalter sprach man dem Fenchel magische Fähigkeiten zu und hängte ihn über Türen, um böse Geister fernzuhalten.

Heilrezepte:
Für die schlanke Linie nach Maurice Mességué:
Tee-Aufguß aus 2 Prisen Fenchel, 2 Prisen Majoran, 2 Prisen wilder Thymian (Quendel) auf 1 l Wasser. Täglich trinken.

Für alle, die Probleme morgens mit dem Aufstehen haben, ein ayurvedisches Rezept:
1 TL Fenchelsamen, ½ TL Ingwerpulver (besser 1 Scheibe frische Ingwerwurzel) und ½ TL gemahlener Kardamom mit ¼ l Wasser aufkochen, abseihen und ***vor dem Schlafen gehen trinken.***

Literatur: Maurice Mességué, C'est la Nature qui a Raison (Paris 1972)

Galgant

bot.: Alpina galanga

Verwendung in der Küche:
Für Gemüse, Fleisch, Pilz- und Fischgerichte, Obst und Süßspeisen. Die gemahlene Wurzel besitzt ein ingwerähnliches Aroma.

Heilwirkung:
Anregend, schweißtreibend, antibakteriell, erweitert die Bronchien und Herzkranzgefäße, beseitigt Blähungen, und hat eine heilungsfördernde Wirkung bei Magen- und Darmentzündungen.

Im Gegensatz zu den östlichen Ländern, in denen Galgant zu den gebräuchlichsten Gewürzen zählt, war bei uns die Verwendung in der Küche lange Zeit in Vergessenheit geraten. Erst durch die Bearbeitung der Schriften der Heiligen Hildegard von Bingen, die der Galgantwurzel eine große Heilkraft zuschreibt, rückte die Bedeutung dieser Gewürzpflanze in der Küche und Medizin wieder stärker in den Vordergrund. Hildegard von Bingen empfiehlt sie als sicheres Mittel bei der Behandlung von Angina pectoris und Schwindel.

Heilrezepte:
Gegen Angina pectoris:
½ TL Galgantwurzel in 1 Tasse heißem Wasser verrührt, schluckweise trinken.

Nahrung für das Herz aus der ayurvedischen Medizin:
1 EL Rosinen über Nacht einweichen, am Morgen abseihen und das Rosinenwasser mit einer frisch ausgepreßten Orange, ½ TL Galgant und Granatapfelkernen vermischen.

Granatapfelkerne

bot.: Punica granatum
getrocknete Kerne: Anardana (hindi)

Verwendung in der Küche:
Fleisch- und Gemüsegerichte, Süßspeisen, Curries

Heilwirkung:
Belebt, erfrischt, beseitigt Energiemangel und Schwächezustände, wirkt verdauungsfördernd in Verbindung mit Nelken und Zimt.

Nach *G. F. Most* haben die Kerne eine stark entwässernde Wirkung bei der Bauchwassersucht. Der Granatapfelbaum ist eine ganze Apotheke für sich. Alle Teile, Wurzelrinde, Fruchtschale, Fruchtfleisch und Septen - die bei dieser Frucht besonders groß ausgebildeten Kerngehäuse - werden für medizinische Zwecke eingesetzt. Mit ihrer leuchtend roten Farbe erinnern die Fruchtkerne an Edelsteine. Der Granatapfel war bei den Römern und Griechen das Symbol der Fruchtbarkeit. In Persien gilt er als der Apfel des Paradieses.

Granatapfelkerne sind im eigentlichen Sinn zwar kein Gewürz, aber auf Grund ihrer Verwendungsmöglichkeit in der Küche und der beachtlichen Heilwirkung in der Medizin sind sie im Rahmen dieses Buches erwähnenswert.

Ingwer

bot: Zingiber officinale

Verwendung in der Küche:
Als frische Wurzel für alle Gemüse und Fleischgerichte, für Tee und Süßspeisen.

Heilwirkung:
Verdauungsfördernd, gegen Blähungen und Darmkoliken, keimtötend, hochwirksames Mittel gegen akute Durchfallerkrankungen, unterstützt die Verbrennung und Ausleitung von Giftstoffen im Darm, kann krebserregende Stoffe, die in Nahrungsmitteln enthalten sind, neutralisieren, reguliert die Magensaftproduktion, beseitigt Darmpilze. Er ist wirksam bei Entschlackungskuren, verdünnt das Blut in weit stärkerem Maß als Knoblauch, beugt der Thrombose vor, senkt ernährungsbedingt erhöhtes Cholesterin, stärkt das Herz und senkt den Blutdruck, kräftigt das Immunsystem, ist wirksam gegen Keuchhusten und beseitigt die Beschwerden der Reisekrankheit.

Von allen Gewürzen ist Ingwer vielleicht das beste und am meisten sattwische (siehe Einführung). Ingwer wird als die "**universelle Arznei**" bezeichnet. In der ayurvedischen Medizin sagt man, Ingwer besitzt das kosmische Gedächtnis. Jahrtausende altes Wissen von der Heilwirkung des Ingwer wurde in den letzten Jahren von Forschern in mehreren Ländern bestätigt. In Laborversuchen konnten Wissenschaftler unabhängig voneinander die gerinnungshemmende, also blutverdünnende Wirkung von Ingwer nachweisen. Dabei hatte der Zufall, wie schon so oft in der Medizin, seine Hand im Spiel. *Dr. Charles R. Dorso* von der medizinischen Falkutät der Cornwell University verwendete bei einem Experiment sein eigenes Blut zu Kontrollzwecken. Eines Tages fiel ihm auf, daß sein Blut nicht so gerann wie sonst. Er erinnerte sich, daß er am Abend vorher "große Mengen einer vorzüglichen Marmelade" - nämlich Ingwer mit Grapefruit - gegessen hatte. Zu Versuchszwecken vermischte *Dr. Dorso* gemahlenen Ingwer mit seinen Blutproben und denen seiner Kollegen im Reagenzglas. Und seine Vermutung bestätigte sich, das Blut wollte nicht gerinnen, selbst dann, als er eine Substanz hinzufügte, von der bekannt ist, daß sie das Verkleben von Bluttplättchen fördert. Die Wissenschaftler führen die gerinnungshemmende Wirkung auf das im Ingwer enthaltene Gingerol zurück, dessen chemische Struktur eine auffallende Ähnlichkeit mit Aspirin, einer ebenfalls gerinnungshemmenden Substanz, aufweist.

Interessant waren auch Folgeuntersuchungen, die erbrachten, daß bereits geringste Mengen des Ingwerwirkstoffes noch beeindruckende Wirkungen auf die Blutgerinnung zeigten. Gesicherte wissenschaftliche Ergebnisse liegen auch über die Wirkung von Ingwer bei Reisekrankheit vor und bescheinigen, daß er weitaus wirksamer ist, als ein ebenfalls bei dieser Erkrankung eingesetztes Handelspräparat anderer Zusammensetzung.

Auch japanische Forscher haben Ingwer gründlich untersucht und neben den schon erwähnten Wirkungen festgestellt, daß er schmerzlindernd, blutdrucksenkend und anregend auf das Herz wirkt. Schließlich stuften sie den Ingwer aufgrund ihrer Untersuchungen als "erstaunlich wirksam" gegen Zellentartungen ein, die bekanntlich zu Krebs führen können.

Heilrezepte:
Gegen fieberhafte Infekte:
1 TL Ingwerpulver, 1 TL Kreuzkümmel und 1 TL Koriander in 200 ml Wasser auf 50 ml herunterkochen, schluckweise trinken.

Bei Kindern kann man mit Rohrzucker oder Kandiszucker süßen, aber nicht mit Honig! Wird Honig über 37 ° C erhitzt, verliert er an Wirkung und es bilden sich schädliche Stoffe, die zusätzlich entgiftet und ausgeleitet werden müssen.

Entschlackungskur:
1 TL Zitronensaft, 1 EL Ingwersaft (Wurzel mit der Knoblauchpresse

auspressen), 1 TL Honig und 1 Prise Steinsalz vermischen, vor dem Essen trinken.

Gegen Darmpilzbefall:
5 Scheiben frische Ingwerwurzel und 1 TL Kreuzkümmelsamen mit ½ l Wasser auf die Hälfte herunterkochen und vor jedem Essen trinken.

Gegen Durchfall:
½ Becher Naturjoghurt, ½ Tasse Wasser, ½ TL frisch gepreßter Ingwersaft und ¼ TL Muskat, gut vermischen und schluckweise trinken.

Gegen Reiseübelkeit:
Frisch geriebene Ingwerwurzel mit warmem Wasser vermischt schluckweise trinken.

Senkung des Cholesterins im Blut:
Hierzu sollte Ingwer über längere Zeit regelmäßig eingenommen werden, wobei kleine Mengen bereits schon wirksam sind.

Empfehlenswert ist eine Teezubereitung aus frischer Ingwerwurzel: Ein 1 cm großes Stück Ingwerwurzel schälen und in kleine Stücke schneiden, mit 1 Liter kochendem Wasser überbrühen und 10 Minuten ziehen lassen. Dieser wohlschmeckende Tee besitzt ein zitronenähnliches Aroma mit leichter Schärfe.

Eine andere Möglichkeit besteht darin, frische Ingwerwurzel in feine Scheiben zu schneiden und auf ein Butterbrot zu legen (ist auch als Abendmahlzeit zu empfehlen). Natürlich sind auch die allseits beliebten Ingwerstäbchen erlaubt.

Außerdem finden Sie im Rezeptteil dieses Buches viele Anregungen, wie Sie Ingwer bei Gemüse- oder Fleischgerichten einsetzen können.

Ingwer
Zingiber officinale

Kardamom, grün

bot.: Elettaria kardamomum

Verwendung in der Küche:
Reis, Gemüse, Süßspeisen, Milchreis, Gebäck, Kuchen, Tee, Kaffee, Milch

Heilwirkung:
Gehirntonikum, Aphrodisiakum, fördert die Gedächtnisleistung, verleiht geistige Klarheit und Freude, kräftigt das Herz, regelt die Darmtätigkeit, löst Schleim aus den Bronchien und Nebenhöhlen, beseitigt Mundgeruch.

Kardamom ist die Königin der Gewürze. Nach der ayurvedischen Medizin erwacht *Agni* - das Verdauungsfeuer - schon bei seinem Duft. Ganz besonders geeignet ist er für Kinder mit Blähungen und Appetitmangel. Bei Übelkeit, Erbrechen und Kopfschmerzen soll man die Körner langsam im Mund zerkauen. Der Milch zugesetzt, neutralisiert Kardamom deren schleimbildende Wirkung. Im Kaffee verringert er die schädlichen Wirkungen des Koffeins. Kardamom ist übrigens nach Safran das teuerste Gewürz.

Knoblauch

bot.: Allium sativum

Verwendung in der Küche:
Fleisch, Gemüse, Salate, Saucen

Heilwirkung:
Wirksam bei Erkältung, Herzerkrankung, Blutdruckerhöhung, erhöhtem Cholesterinspiegel, Arteriosklerose, Parasitenbefall, Rheumatismus.

Knoblauch ist eine Gewürzpflanze mit sehr großer Heilwirkung, die allerdings auch einige nachteilige Wirkungen hervorrufen kann. Menschen mit Übersäuerung des Magens sollten auf Knoblauch verzichten. Außerdem hemmt er bei regelmäßigem Gebrauch die geistige Entwicklung und wirkt abstumpfend auf den Geschmackssinn. Vegetarier sollten ihn nicht oder nur in kleinen Mengen verwenden, weil er eine anregende Wirkung auf *Rajas* (= aggressive Schöpferkraft, siehe auch Einleitung) besitzt. Regelmäßiger Verzehr von Knoblauch kann ebenfalls das Verlangen nach Süßigkeiten verstärken.

Koriander

bot.: Coriandrum sativum

Verwendung in der Küche:
Fleischgerichte, Linsen, Gemüse, Suppen, Soßen.

Heilwirkung:
Wirkt bei allen Entzündungen im Bereich der Harnwege und Verdauungsorgane, gilt als fiebersenkend und wird gegen Lampenfieber und Migräne eingesetzt.

Koriander wird gerne mit Kreuzkümmel, Fenchel und Ingwer gemeinsam verwendet.

Heilrezepte:
Gegen Fieber:
1 - 2 TL Korianderpulver in einem Glas Wasser über Nacht stehen lassen, am nächsten Tag durch ein Sieb gießen und trinken.

Gegen Reizblase:
1 TL Koriandersamen mit 1 Tasse heißem Wasser überbrühen und 2 -3 mal täglich schluckweise trinken. Dieser Tee hilft auch bei Migräne.

Kreuzkümmel,

Mutterkümmel, Cumin

bot.: Cuminum cyminum

Verwendung in der Küche:
Gemüse, Reis, Wurst, Fleisch, Salatsoßen, Bestandteil von Magenlikören.

Kreuzkümmel sind die stark aromatischen Samenkörner einer Petersilienart, die ihr Aroma erst entfalten, wenn sie in der Pfanne geröstet werden. Er wird oft mit Kümmel verwechselt, obwohl er ein ganz anderes Aroma hat.

Heilwirkung:
Verdauungsfördernd, verbessert die Absonderung von Magensaft, stärkt das Wachstum der natürlichen Darmflora.

Heilrezept:
Gegen Hitzewallungen während der Wechseljahre:
½ EL Kreuzkümmel gemahlen, ½ EL Koriander gemahlen, ½ EL Fenchelsamen mit ¼ l Wasser aufkochen und ca. 5 Minuten ziehen lassen. 1 - 3 mal täglich diese Mischung trinken.

Kümmel

bot.: Carum carvi

Verwendung in der Küche:
Käse, Joghurt, Quark, Krautsalat, Hammel- und Schweinefleisch, Gänse- und Entenbraten, Backwaren, Bestandteil von Likör- und Branntwein (z. B. Aquavit).

Heilwirkung:
Kümmel ist eines der ältesten Gewürze. Er lindert Blähungen und regt die Absonderung von Magensaft an. Früher wurde er zum Schutz gegen böse Geister verwendet. Kümmeltee gilt in der Volksheilkunde als eines der besten Heilmittel bei Magenbrennen, Magenkolik und Brechreiz. Kümmelsamen wird in der Frauenheilkunde besonders empfohlen, da er in dreifacher Weise fördernd wirkt:

- Er steigert die monatliche Regel und löst Gebärmutterkrämpfe.
- Er erleichtert den Geburtsvorgang.
- Er fördert die Milchsekretion in der Stillzeit.

Heilrezept:
Nach der russischen Volksheilkunde ist Kümmel ein sehr gutes Heilmittel bei Trunksucht:
50 g Kümmel mit 1 Liter kochendem Wasser überbrühen, von diesem ungesüßten Tee gibt man dem Trinker
am 1. Tag 5 Tassen schluckweise zu trinken
am 2. Tag 4 Tassen
am 3. Tag 3 Tassen
am 4. Tag 2 Tassen
und an den folgenden Tagen, durch 3 Wochen hindurch, je 1 Tasse. Zuerst stellt sich Erbrechen ein, dann folgt Duchfall und erhöhte Harn- und Schweißabsonderung. Die Kur ist bei Rückfall zu wiederholen. Der Erfolg bleibt nicht aus.

Kurkuma,

Gelbwurzel

bot.: Curcuma longa

Verwendung in der Küche:
Reis, Gemüse, Fleisch. Kurkuma ist der dominierende Bestandteil von Curry-Pulver. Das gelbe Gewürzpulver aus den Wurzeln wird oft als Safranersatz verwendet.

Heilwirkung:
Kurkuma, eine Pflanze aus der Familie der Ingwergewächse besitzt große Heilwirkungen. Die Kurkuma wirkt energiespendend, blutreinigend, fördert den Gallefluß, regt die Leberfunktion an, wirkt gegen Allergien wie Heuschnupfen und Asthma, lindert Juckreiz und Hämorrhoidenschmerzen, neutralisiert Gifte im Körper, ist wirksam gegen Darmparasiten, wirkt cholesterinsenkend und entzündungshemmend. Kurkuma verbessert die Eiweißverdauung und beruhigt zusammen mit Milch überanstrengte Stimmbänder.

Die regelmäßige Einnahme mit Milch fördert die positive Ausstrahlung und Schönheit und verbessert die Sehkraft. Mit Wasser zu einem Brei verrührt, ist Kurkuma ein hervorragendes Mittel zur Pflege der Haut, wirkt abschwellend und stoppt Hautblutungen. Zusammen mit Berberitzenbeeren wird Kurkuma bei der Behandlung von Diabetes empfohlen.

Heilrezepte:
Gegen schuppende Hautkrankheiten:
Kurkuma, Kichererbsenmehl und Milch zu einem Brei verrühren, auftragen, 10 Minuten einwirken lassen, danach abwaschen.

Gegen Akne:
Kurkuma mit Butterschmalz zu einer Paste verrühren, auftragen und nach 10 Minuten abwaschen.

Gegen Neurodermitis:
150 g Naturjoghurt, 1 Messerspitze Anis gemahlen, 1 Messerspitze Kurkumapulver, 1 Messerspitze Kreuzkümmel gemahlen, ¼ l Wasser und etwas Kokosmilch oder süße reife Früchte im Mixer 2 Minuten auf Höchststufe verquirlen. Dieses Getränk ist bei Kindern sehr beliebt. Es unterstützt die Entwicklung einer gesunden Darmflora. (Anmerkung: Falls Sie keine Kokosmilch bekommen, können Sie Kokosflocken in Wasser einweichen und auspressen, das so gewonnene Kokoswasser ist ein nahezu gleichwertiger Ersatz für Kokosmilch.)

Gegen Allergien:
¼ TL Kurkuma und 1 TL Honig in 1 Glas Wasser verrühren, mehrmals täglich trinken.
Oder 1 TL Kurkuma und 1 TL Butterschmalz in 1/2 Tasse lauwarmer Milch verrühren und über mehrere Wochen täglich trinken.

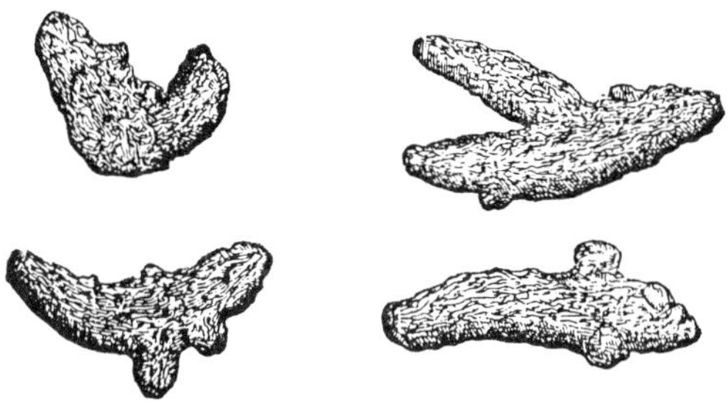

Kurkuma

Lorbeer

bot.: Laurus nobilis

Verwendung in der Küche:
Gemüse, Suppen, Schmorgerichte, Wild- und Fischspeisen, Reis. In der Milch mitgekocht verleiht Lorbeer der Béchamelsoße ein unvergleichliches Aroma.

Heilwirkung:
Fördert die Verdauung, wirkt anregend auf die Absonderung von Magensaft, schleimlösend bei Erkrankungen der Atemwege.

Nach einer griechischen Legende hat Apollo die schöne Nymphe Daphne in einen Lorbeerbaum verwandelt, um ihre Ehre zu retten. Seither gilt der Lorbeerbaum als Symbol der Ehre bei allen Völkern.

Majoran

bot.: Origanum majorana

Verwendung in der Küche:
Hülsenfrüchte, Kohl- und Fleischgerichte, Bratkartoffeln, Salate, Quark

Heilwirkung:
Verdauungsfördernd, harntreibend, beruhigend und krampflösend, macht die Gelenke geschmeidiger.

Majoran enthält Thymol, das antibakterielle Wirkung besitzt und auch gegen Hefe- und Schimmelpilze eingesetzt werden kann. Deshalb wird Majoran bei Durchfallerkrankungen empfohlen. Außerdem unterstützt das aromatische Kraut die Fettverdauung. Fette Speisen werden also durch Zusatz von Majoran bekömmlicher.

Heilrezept:
Gegen Übergewicht wird ein Tee mit Majoran, Fenchel und wildem Thymian (Quendel) empfohlen. (Genaue Anleitung siehe unter Fenchel)

Minze,
Krauseminze oder Nana-Minze

bot.: Mentha spicata

Verwendung in der Küche:
Hülsenfrüchte, Pilzgerichte, Rohkost, Hammel- und Kalbfleisch, Fischgerichte, Frucht- und Gemüsesalate, Käse, Speise-Eis, Süßwaren, Liköre, Säfte, Cocktails, Kräutertee

Heilwirkung:
Galletreibend, regt die Verdauungssäfte im Magen-Darm-Trakt an, wirkt beruhigend. Hildegard von Bingen schätzt ihre Heilkraft bei der Behandlung von rheumatischen Erkrankungen.

Im Gegensatz zur Pfefferminzpflanze enthält die Krauseminze kein Menthol, daher ist ein Aufguß als Tee auch schon für Säuglinge geeignet.

Muskat

bot.: Myristica fragens

Verwendung in der Küche:
Gebäck, Soßen, Suppen, Hackbraten, Spinat, Blumenkohl

Man unterscheidet zwischen Muskatblüte und Muskatnuß. Beide stammen von der selben Pflanze. Die Muskatblüte ist zarter im Aroma.

Heilwirkung:
Beruhigend, fördert den gesunden Schlaf, wirkt gegen Reizblase mit unfreiwilligem Urinabgang und gegen vorzeitigen Samenerguß.

Muskat ist das beste Heilmittel zur Beruhigung von Nerven und Geist. Im Übermaß genossen kann Muskat jedoch wie Knoblauch abstumpfend wirken. Mit Alkohol kombiniert (z. B. im Gewürzpunsch), kann Muskat zu Trunkenheit führen, auch wenn die konsumierte Alkoholmenge sonst keinen solchen Effekt haben würde.

Der Muskatnuß werden magische Eigenschaften zugesprochen, vermutlich durch ihren Inhaltsstoff, das Myristicin, welches ähnliche Eigenschaften wie das Mescalin besitzt und in großen Mengen genossen zu Halluzinationen führen kann.

Heilrezept:
Gegen Schlafstörung:
Je 1 Messerspitze Muskat, Kardamom, Ingwer, Kurkuma und 1 TL geklärte Butter in 1 Tasse warmer Milch vor dem Schlafengehen trinken.

Nelke

bot.: Caryophyllus aromaticus

Verwendung in der Küche:
Eingemachtes, Fleischspeisen, Gebäck, Curryzubereitungen. Gewürznelke wird oft mit Zimt und Kardamom zusammen verwendet.

Heilwirkung:
Antiseptisch, schmerzlindernd und betäubend, blutdrucksenkend

Nelkenöl wird noch heute in der Mund- und Zahnheilkunde eingesetzt. Zahnschmerzen werden gelindert, wenn man auf die schmerzende Stelle ein Nelkenstückchen legt. In Orangen gesteckt trägt die Gewürznelke zur Lufterfrischung bei.

Heilrezept:
Gegen Reizblase:
5 Mandeln zerstoßen, je 1 TL Nelken, Zimt, Kardamom und Ingwer mit etwas Wasser verrühren und den Brei sanft auf den Unterbauch reiben. Diese Mischung bleibt solange auf der Haut, bis sich ein angenehmes Wärmegefühl einstellt.

Zur unterstützenden Behandlung beim hohen Blutdruck:
4 - 5 Nelken über Nacht in Wasser legen, am Morgen das Nelkenwasser schluckweise trinken.

Paprika

bot.: Capsicum annuum

Verwendung in der Küche:
Fleischgerichte, Gemüse, Kartoffeln

Heilwirkung:
Anregend und belebend auf Magen und Darm, beschleunigt den Stoffwechsel, entzündungshemmend, appetitanregend, kräftigt das Herz.

Gewürzpaprika löst einen inneren Tränenstrom aus, es beseitigt dadurch Staus in Nase und Lunge, sodaß Schleim verflüssigt und ausgeschwemmt wird.

Paprika ist offensichtlich das einzige vitaminhaltige Gewürz. Szent-Györgyi, Direktor der medizinisch-chemischen Universität in Szeged konnte nachweisen, daß der Gehalt an Vitamin C in Paprikaschoten 4 - 6 mal höher ist, als der von Zitronen.

Pfeffer

bot.: Piper nigrum

Verwendung in der Küche:
Allzweckgewürz für fast alle Speisen

Heilwirkung:
Stimuliert die Magentätigkeit, reguliert den Wasserhaushalt im Darm und wirkt leicht fiebersenkend. Günstige Wirkung auf das Herz, verbessert die Konzentration.

Pfeffer zählt wie Paprika, Senf und Kurkuma zu den muco-kinetischen (schleimbewegenden) Stoffen, die Nasennebenhöhlen und Atemwege von Schleim befreien.

Grüner Pfeffer ist wie verschiedene andere Nutzpflanzen in der Lage, krebserzeugende Stoffe, die in Nahrungsmitteln enthalten sein können, zu neutralisieren.

Heilrezept:
Gegen Erkältung:
Alle 4 Stunden 2 -3 grüne Pfefferkörner (besitzen wenig Schärfe) zerkauen.

Piment,

Nelkenpfeffer, Allgewürz

bot.: Pimenta dioica

Verwendung in der Küche:
Backwaren, Fisch, Fleisch- und Wildgerichte, Suppen, Saucen, Marinaden. Geruch und Geschmack erinnern an eine Mischung aus Nelken, Muskat, Zimt und Pfeffer.

Heilwirkung:
Beseitigt Übelkeit und Blähungen, stärkt die Abwehr bei Erkältung. Äußerlich aufgetragen lindert es den Schmerz bei Insektenstichen. Der Geruch von Piment hält stechende Insekten fern.

Pippali,
langer Pfeffer, Bengalpfeffer

bot.: Piper longum

Verwendung in der Küche:
Wird wie Pfeffer verwendet, schmeckt aber etwas süßlicher.

Heilwirkung:
Schleimlösend bei Asthma und Bronchitis, bewährt bei der Behandlung von Milzleiden, rheumatischen Beschwerden und Hauterkrankungen. In der ayurvedischen Medizin wird Pippali, in Milch abgekocht, als Verjüngungsmittel sehr geschätzt. Pippali ist außerdem Bestandteil einer der wichtigsten Gewürzmischungen *Trikatu* (zusammen mit Ingwer und schwarzem Pfeffer), die in der ayurvedischen Medizin zur Stärkung der Abwehr bei fieberhaften Erkrankungen eingesetzt wird.

Heilrezept:
Gegen fiebrige Infekte und bei Entschlackungskuren:
½ TL Pippali zerstoßen, ½ TL schwarzer Pfeffer und ½ TL Ingwer gemahlen in ¼ l Wasser aufkochen (Vorsicht, sehr scharf!) und abends vor dem Schlafengehen trinken. Bei Kindern kann man 1 TL Süßholzpulver dazu geben.

Rosmarin

bot.: Rosmarinus officinalis

Verwendung in der Küche.
Fleischgerichte, Suppen, Saucen, Tomaten- und Bohnensalat sowie als Kräutertee.

Heilwirkung:
Tonicum und Antisepticum, wirkt antibakteriell und krampflösend, regt die Bildung von Magensaft und Galle an. Rosmarin besitzt schmerzlindernde Wirkung bei Allergien. Als Badezusatz ist Rosmarin beliebt und bewährt gegen Kreislaufstörungen.
In der Volksheilkunde schätzt man Rosmarin bei der Behandlung von Bleichsucht, bei geistiger Erschöpfung, bei Unfruchtbarkeit der Frauen und bei Gehör- und Sehstörungen. *Sebastian Kneipp* empfiehlt Rosmarin zur Herzstärkung.

Safran

bot.: Crocus sativus

Verwendung in der Küche:
Fleischspeisen, Fischgerichte, Reis, Süßspeisen, Backwaren, Milchgetränke.

Safran ist das teuerste Gewürz der Welt, es kommt in Fäden oder gemahlen in den Handel, es besitzt einen kräftigen Geruch und schmeckt gewürzhaft bitter.

Heilwirkung:
Blutbildend, reguliert Störungen bei der Periodenblutung, gegen mangelnde Spermienbildung. In kleinen Mengen wirkt Safran stimmungsaufhellend und erheiternd, weshalb es bei Depressionen wirksam ist. Größere Mengen dagegen wirken beruhigend und bringen Schlaf. Safran kann gegen Fieber, Husten und Asthma eingesetzt werden.

Heilrezept:
Gegen Schlafstörungen:
1 Prise Safran, 1 Messerspitze Muskat und 1 TL geklärte Butter (oder Butterschmalz) in warmer Milch abends trinken.

Salbei

bot.: Salvia officinalis

Verwendung in der Küche:
Kartoffelgerichte, Eintopf, Leber-, Fisch- und Hackfleischspeisen, Tee

Heilwirkung:
Salbei wirkt blutreinigend, leitet nicht nur den Schleim aus den Atemwegen aus, sondern wirkt auch schleimabführend bei Magenverschleimung. Durch seine entzündungswidrige Kraft heilt er alle Entzündungen des Darmes, des Magens, der Leber, Galle und der Harnwege. Salbei ist ein gutes schweißregulierendes Mittel. Bei stillenden Müttern leistet der Salbeitee gute Dienste, vor allen Dingen, wenn die Frauen beim Abstillen durch Milchstauungen Probleme bekommen. Äußerlich kann Salbei gegen Juckreiz und Ekzeme eingesetzt werden.

Heilrezepte:
Gegen Juckreiz und Hämorrhoiden:
Sitzbad mit Salbeiaufguß

Gegen Zahnfleischentzündungen:
Man zerkaue frische Salbeiblätter ca. 4 - 5 mal am Tag.

Sandelholz

bot.: Santalum album

Verwendung in der Küche:
Süßspeisen, Drinks mit Milch und Zucker

Heilwirkung:
Gegen Reizblase, nächtlichen Harndrang, gegen innere Blutungen, Durchfall, Hämorrhoiden. Beschleunigt die Wundheilung bei äußerer Anwendung, ist wirksam gegen Fieber und Sonnenstich.

Sandelholz findet in der ayurvedischen Medizin breite Verwendung. Es besitzt eine kühlende und beruhigende Wirkung auf Körper und Geist. Sandelholz öffnet das Herz, fördert geistiges und spirituelles Wachstum und bewirkt die Umwandlung sexueller Energie in geistige Energie. Deshalb wird es als Duftöl oder in Räucherungen vielfach zu Meditationen und geistiger Entspannung verwendet. Außerdem ist sein kostbarer Duft Bestandteil vieler Parfums.

Heilrezepte:
Gegen nervösen Reizmagen:
½ TL Sandelholzpulver, 1 TL Honig und 1 TL Kandiszucker in lauwarmem Wasser verrühren, schluckweise trinken

Gegen Reizblase und nächtlichen Harndrang:
½ TL Sandelholzpulver in 1 Glas Wasser 3 - 4 Stunden stehen lassen und vor dem Schlafengehen trinken.

Schwarzkümmel

bot.: Nigella sativum

Verwendung in der Küche:
Gemüse, fette Fleischgerichte, Hammelfleisch, Backwerk, Fladenbrot

Schwarzkümmel ist ein guter Pfefferersatz, der nicht die Magenschleimhäute reizt. Trotz seines Namens hat er nichts mit Kümmel gemeinsam.

Heilwirkung:
Krampflösend, harn- und galletreibend, beseitigt Blähungen und Darmparasiten, regt die Milchabsonderung an, stärkt das Immunsystem durch Bildung von körpereigenem Interferon, stimuliert das Knochenmark, hemmt das Wachstum von Tumorzellen und zerstört sie. Er ist stimmungserhellend, gefäßerweiternd, kreislauffördernd und regt die Bildung männlicher Sexualhormone an.

Für Heilzwecke eignet sich am besten der ägyptische und türkische Schwarzkümmel. Die positiven Heilwirkungen des Öles und des Samens konnten in den letzten Jahren nachgewiesen werden. Schwarzkümmel wirkt bei allen allergischen Erkrankungen, vom Asthma über Stauballergie bis zu Neurodermitis. Besonders das aus den Samen hergestellte Öl wirkt auch bei Diabetes, indem es den Blutzucker senkt.

Senf

bot. : Sinapis alba (gelber Senf)
Brassica juncea (brauner Senf)

Verwendung in der Küche:
Gemüsegerichte, Fleischgerichte

In Deutschland wird meist der gelbe Senf bevorzugt, in östlichen Ländern, wie z. B. Indien verwendet man hauptsächlich den braunen Senf, der oft auch als schwarzer Senf bezeichnet wird.

Heilwirkung:
Bei Erkältungen, Nebenhöhlenentzündungen, Bronchitis, Asthma, verflüssigt zähen Schleim, verbessert das Gedächtnis bei alten Leuten. Die Volksheilkunde lobt die heilende Wirkung bei Schwindel, Taubheit, Lungen-, Schlund- und Darmlähmung.

Die beachtlichste Heilwirkung entfaltet sich in der äußerlichen Anwendung als Wickel, z. B. bei Bronchitis, Keuchhusten, Gelenkrheumatismus, Frostbeulen und chronischer Verstopfung. Charakteristisch dabei ist die meist schlagartige Linderung der Beschwerden.

Heilrezept:
Als Brechmittel bei vielen Arten von Vergiftungen, Schlaganfall und Lähmungen:
1 EL Senfmehl in Wasser verrühren und trinken.

Gegen Schwindel und Gedächtnisschwäche:
Jeden Morgen 1 Quentchen Senfkörner mit Butterbrot essen.*

*1 Quentchen = 1,67 g = ca. 1 gestr. TL

Süßholz

bot.: Glyzyrrhiza glabra

Verwendung in der Küche:
Süßspeisen, Tee, Kräuterliköre, Lakritze

Heilwirkung:
Krampflösend, stoffwechselanregend, harntreibend, beseitigt Blähungen, erhöht die Magensaftabsonderung, beseitigt nervöse Magen- und Darmkoliken, fördert die Heilung von Magenstörungen und Zwölffingerdarmgeschwüren, sekretionsfördernd bei Entzündungen der Atemwege. Es regt die Bildung von körpereigenem Interferon an.

Bei lang andauerndem Gebrauch kann es jedoch zur Wasseransammlung im Gewebe kommen.

Heilrezept:
Gegen Nebenhöhlenerkrankungen und schmerzhaftem Husten:
Je 1 TL Süßholzpulver, Anis und Nelken, je ½ TL Ingwerpulver und Kardamompulver mit ½ l heißen Wasser überbrühen, 5 Minuten ziehen lassen, abseihen und schluckweise trinken.

Thymian

bot.: Thymus vulgaris

Verwendung in der Küche:
Bratkartoffeln, Pilzgerichte, Tomaten, Hülsenfrüchte, Hackfleisch, Hammel- und Schweinebraten, Wildgerichte, Gemüse, Suppen, Soßen, Kräutertees

Heilwirkung:
Starke antiseptische Wirkung, gegen Erkrankungen der Atemwege und des Verdauungstraktes, als Gurgelmittel bei Halsentzündungen, gegen Wurmerkrankungen, äußerlich angewandt zum Desinfizieren von Schnittwunden.

Das im Thymian enthaltene Thymol besitzt hervorragende Heilwirkungen, z. B. bei Fäulnis- und Gärungszuständen. Wer ein unreines Gesicht hat, sollte stets Thymian den Speisen zusetzen. Eine reine Gesichtshaut wird der Erfolg sein.

Vanille

bot.: Vanilla planifolia

Verwendung in der Küche:
Feine Süßspeisen, Getränke, Backwaren

Heilwirkung:
Herzstärkend, beseitigt Ermüdung und Angst, verleiht Kraft und Gesundheit. Steigert die natürliche Abwehr bei Pilzinfektionen. Die Hauptwirkung der Vanille liegt allerdings im geistig-seelischen Bereich. Über den Geruchssinn wird das Gehirn zu kreativer Leistungsfähigkeit angeregt und Aggressionen gemildert. Zusätzlich ist Vanille stimmungsaufhellend, der Duft weckt Kindheitserinnerungen. Diese Wirkungen werden allerdings nur von der echten Vanille ausgelöst. Zu 90 % wird der Bedarf durch ein minderwertiges synthetisches Produkt gedeckt. Nur die natürliche Vanille verfügt über eine Vielzahl aromatischer Inhaltsstoffe, die das so hochgeschätzte Aroma ausmachen.

Vanille

Wacholder

bot.: Juniperus communis

Verwendung in der Küche:
Wild- und Fischgerichte, Sauerkraut, Eintopf, Rote Beete, Wein- und Fruchtsoßen, Kräuterteemischungen.

Heilwirkung:
Tonisierend, blutreinigend, entwässernd, verdauungsfördernd, verbessert die Ausscheidung von Harnsäure bei Gicht, wirksam bei der Behandlung von Rheuma und Diabetes.

In Deutschland steht der Wacholderbeerbaum unter Naturschutz, nur die Beeren dürfen gepflückt werden. Sie gehören zu den wenigen Gewürzen, die vor unserer Haustür wachsen. Bereits in der Antike wurde die Heilkraft des Wacholders sehr geschätzt. Seine Zweige verkörperten die Lebenskräfte. Hippokrates soll mit Wacholderräucherungen die Pest in Athen erfolgreich bekämpft haben.

Heilrezept:
Gegen Sodbrennen und Magenschmerzen nach Sebastian Kneipp:
Man zerkaut am ersten Tag 5 Wacholderbeeren und nimmt täglich 1 Beere mehr, bis man bei 15 Beeren angelangt ist. Dann reduziert man wieder täglich um 1 Beere weniger, bis man bei 5 Beeren anlangt.
(! Personen, die an einer chronischen Nierenentzündung leiden, dürfen diese Kur nicht anwenden)

Zimt

bot.: Cinnamonum zeylanicum (Ceylon)
Cinnamonum cassia (China)

Verwendung in der Küche
Backwerk, Reis, Grieß, Kompott, Glühwein

Heilwirkung:
Beseitigt Fäulnisbakterien, ist verdauungsfördernd, beseitigt Blähungen, stärkt den Magen, fördert die Durchblutung, besitzt blutzuckersenkende Wirkung, wirkt bei Rheuma und Migräne, regt die Bildung von körpereigenem Interferon an, beruhigt die Nerven.

Heilrezept:
Gegen Schlafstörungen:
Je 1 Messerspitze Zimt, Kardamom gemahlen, Ingwerpulver und Nelkenpulver in warmer Milch vor dem Schlafengehen trinken.

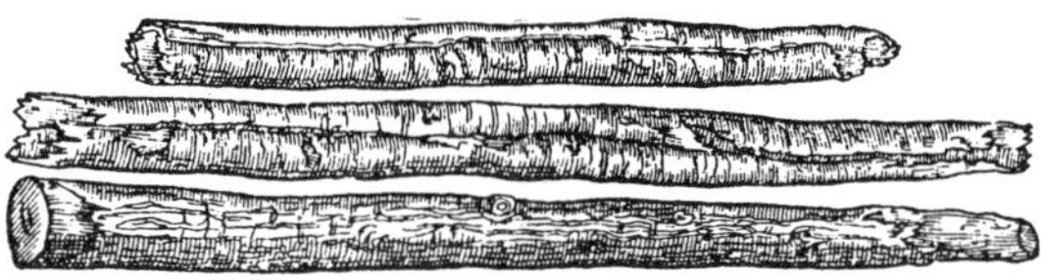

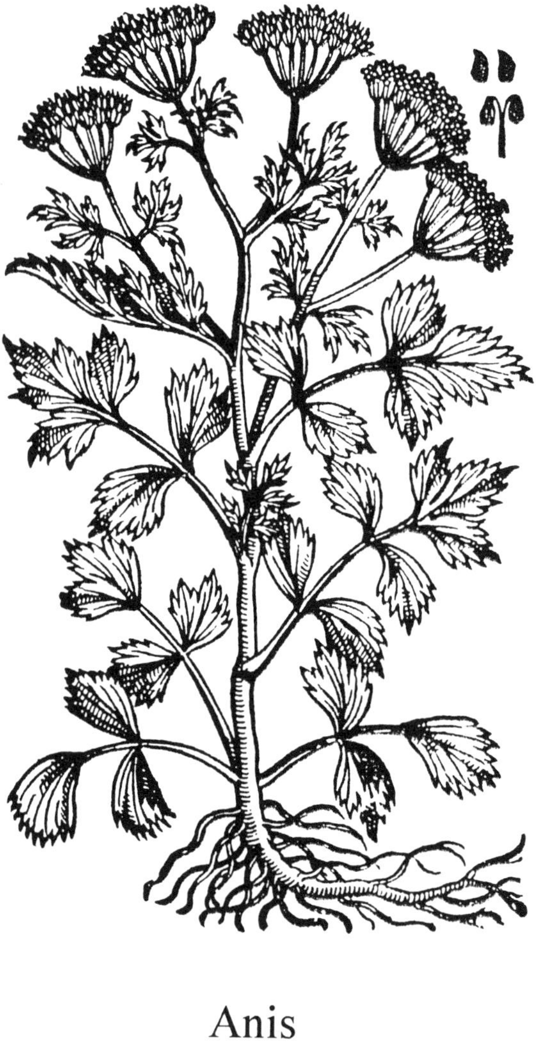

Anis

Getränke

Eure Nahrungsmittel sollten Heilmittel sein.

(Hippokrates)

Erfrischender Joghurtshake

Zutaten (für 4 Personen):

3 Becher Joghurt, ¼ l Wasser,
1 TL Salz, ½ TL Kreuzkümmel (Cumin),
gemahlen, 1 TL Zitronensaft,
Eiswürfel (nach Bedarf)

Joghurt mit Wasser, Salz und Kreuzkümmel (bis auf 1 Prise) mit einem Schneebesen oder in einem Mixer verquirlen. Zerstoßenes Eis dazugeben.
Das fertige Getränk in Gläser füllen und mit dem übrigen Kreuzkümmel garniert servieren.

Variante:
Statt Kreuzkümmel können Sie etwa 15 g frische Minze verwenden.

Pikanter Verdauungstrunk

Ein ideales Getränk zum Abendessen. Regt das Verdauungsfeuer an, beseitigt Stoffwechselschlacken und reduziert Cholesterin.

Zutaten (für 4 Personen):

2 TL Butterschmalz, ½ TL schwarzer Pfeffer,
½ TL Kreuzkümmelpulver, ½ TL Kurkuma,
¼ TL Asa foetida, Salz, Saft von einer halben
Zitrone, Zucker, 2 Gläser Wasser

Butterschmalz in einer Pfanne erhitzen, die Gewürze hinzufügen und anrösten, bis es duftet. 1-2 Glas Wasser dazugeben und zugedeckt 5 Minuten kochen lassen. Nach Geschmack salzen. Vom Herd nehmen, Zitronensaft dazugeben und ggf. mit Zucker abschmecken.

Dieses Getränk ist die alkoholfreie Version eines Fernet branca oder ähnlichem, falls das Essen zu üppig ausgefallen ist.

Exquisiter Blüten - Aperitif

Zutaten (für 4 Personen):

4 Dolden Holunderblüten, 1 EL Honig, Saft von einer Zitrone, 1 Prise Kardamom, 1 Prise Nelken, 1 Prise Ingwerpulver, 200 ml Mineralwasser

Holunderblüten mit 200 ml kochendem Wasser übergießen, 5 Minuten ziehen lassen und abseihen. Nach dem Abkühlen mit Honig süßen und anschließend Zitronensaft sowie die Gewürze hinzufügen. Kurz vor dem Servieren des Aperitifs mit Mineralwasser auffüllen und in Gläser geben.

Fruchtiger Ingwer - Aperitif

Ein fruchtiger Aperitif mit gehöriger Schärfe, weckt die Lebensgeister, regt das Verdauungsfeuer an und ist besonders bei träger Verdauungskraft und Appetitmangel geeignet. Personen mit empfindlichem Magen sollten ihn allerdings wegen der Schärfe nur zurückhaltend genießen.

Zutaten (für 4 Personen):

1 Stück frische Ingwerwurzel (6 cm lang), geschält und gerieben, Saft von einer halben Zitrone, 2 EL Rohrzucker, 1 Prise Salz oder Steinsalz, ¼ TL Muskat, ¼ TL Kardamom, 2 reife, süße mittelgroße Orangen

Ingwerwurzel mit einer Knoblauchpresse auspressen. Zitronensaft mit Zucker, Salz, Muskat, Kardamom und 4 TL Ingwersaft mischen. In frisch gepreßten Orangensaft unterrühren und als Erfrischungstrunk in vier kleinen Cocktailgläsern servieren.

Delikater Ananas - Joghurt - Cocktail

Zutaten (für 4 Personen):

½ frische Ananas, püriert oder Ananaspüree,
1/3 TL Sternanis, gemahlen, 1 Prise Nelken,
1 EL Honig, 250 g Joghurt, ½ l stilles Mineralwasser

Alle Zutaten vermengen und mixen. Kurz vor dem Servieren in Gläser füllen.

Bananen - Shake für Naschkatzen

Zutaten (für 4 Personen):

1 reife Banane, püriert, 1/3 l Joghurt, 2/3 l Wasser,
2 TL Ingwersaft, frisch gepreßt, ¼ TL Bourbon-Vanille
1 Prise Kardamom, 1-2 EL Honig nach Geschmack

Banane, Joghurt, Ingwersaft und Gewürze mit dem Mixer pürieren, Wasser zugeben und alles schaumig schlagen. Nach Geschmack mit Honig süßen.

Alkoholfreie Fruchtbowle

Zutaten (für 4 Personen):

*1 Dose Mandarinenschnitzen samt Saft, ¼ Zuckermelone,
4 Ananasscheiben samt Saft aus der Dose, 1 Banane,
2 Handvoll Johannisbeeren, 100 g Zucker, 1TL Vanille-
extrakt, ¼ TL Ingwerpulver, 2 TL Zitronensaft,
1 1/2 l Apfelsaft, 1 Flasche Mineralwasser*

Die Mandarinen, die Melonen- und Ananaswürfel, die Bananenscheiben und die abgezupften Johannisbeeren zusammen mit dem Zucker, dem Vanilleextrakt, dem Ingwerpulver und dem Zitronensaft verrühren. Den Apfelsaft beigeben und kaltstellen. Vor dem Servieren das ebenfalls gekühlte Mineralwasser hinzugeben.

Kardamom - Kaffee

Zutaten (für 4 Personen):

1 l Wasser, 1 l Milch, 10 TL fein gemahlener Kaffee,
4 grüne Kardamomkapseln, ca. 6 TL Zucker

Wasser und Milch zum Kochen bringen, den Kaffee dazugeben. Die Kardamomkapseln und den Zucker untermischen und 3 Minuten kochen lassen. Dann durchsieben und heiß servieren.

Wie schon erwähnt, steigert Kardamom die Bekömmlichkeit des Kaffees beträchtlich, indem er die schädlichen Effekte des Koffeins neutralisiert.

Variation:
Anstelle von Kaffee kann man auch einen kräftigen schwarzen Tee verwenden.

Suppen

Die nachfolgenden Suppen sind nicht nur als Vorspeise gedacht, sie eignen sich besonders gut als leichte Abendmahlzeit

Der Weg zur Gesundheit führt nicht durch die Apotheke, sondern durch die Küche.

Florentiner Fenchelsuppe mit Ingwer

Zutaten (für 4 Personen):

600 ml Wasser, 200 ml trockener Weißwein, eine dicke Fenchelknolle, Salz, gemahlener schwarzer Pfeffer, 1 TL Zucker, 1 TL gemahlener Ingwer, 30 g gemahlene Mandeln, Fenchelblätter oder Schnittlauch

Wein und Wasser vermischen. Die Fenchelknolle fein hacken und in die Flüssigkeit geben, würzen und kochen, bis der Fenchel gar ist.
Durchsieben oder pürieren und wieder in den Topf schütten. Zucker, Ingwer und Mandeln dazugeben, abschmecken und weitere 5 - 10 Minuten bei schwacher Hitze kochen. Abkühlen lassen und in den Kühlschrank stellen. Mit fein gehackten Fenchel- oder Schnittlauchblättern bestreut und nach Belieben mit einem Tupfer Schlagsahne garniert servieren.

Feine Karottensuppe mit Koriander

Zutaten (für 4 Personen):

¾ l Wasser, 1 EL gekörnte Gemüsebrühe, 1 große Zwiebel fein gehackt, 8 mittelgroße Karotten, grob geraspelt, abgeriebene Schale einer viertel Zitrone, Saft einer halben Zitrone, 2 TL frisch gemahlener Koriandersamen, Kräutersalz, Pfeffer aus der Mühle, 4 EL saure Sahne, 2 EL gehackte Petersilie

Wasser mit der Gemüsebrühe erhitzen, darin die Zwiebel und Karotten auf kleiner Flamme gar kochen. Anschließend pürieren und die Gewürze zugeben. In Teller verteilen und mit einem Klecks saurer Sahne und Petersilie garnieren.

Pikante Zucchinisuppe mit Ingwer und Kardamom

Ein schmackhaftes Gericht, das auch Kinder gerne essen.

Zutaten (für 4 Personen):

1 Zucchini, kleingewürfelt, 2 kleine Karotten, gewürfelt,
1 kleines Stück Sellerieknolle, geschält, gewürfelt,
3 EL Basmati-Reis, 1 l Gemüsebrühe,
1 TL Currymischung, 1 Prise Kardamom,
1 TL frischer Ingwer, geschält, gerieben,
Salz, Butterschmalz, schwarzer Pfeffer,
1 EL frische gehackte Petersilie

Butterschmalz erhitzen, die Gewürze anrösten, bis es duftet. Danach kleingeschnittenes Gemüse und Reis zugeben, gut umrühren, mit Gemüsebrühe auffüllen und ca. 20 Minuten bei kleiner Flamme garen. Zum Schluß mit Salz und Pfeffer abschmecken und mit Petersilie bestreuen.

Delikate Paprikacremesuppe

Hier ißt das Auge mit. Schon der Anblick dieser leuchtend orangefarbenen Suppe weckt das "Verdauungsfeuer" und vertreibt trübe Gedanken.

Zutaten (für 4 Personen):

2 große gelbe und 2 rote Paprikaschoten, geschnitten,
½ vegetarischer Brühwürfel, 1/4 TL Asa foetida,
½ TL Kurkuma, gemahlen, ¼ TL Fenchelsamen,
gemahlen, ½ TL Oregano, ¼ TL Ingwerpulver,
Salz, 1 Prise Cayennepfeffer, 125 g Sahne,
1 EL Maismehl, 1 TL Zitronensaft,
frische Kräuter, 1 EL Ghee oder
Butterschmalz

Butterschmalz oder Ghee erhitzen, die Gewürze anrösten, bis es duftet. Paprikagemüse dazugeben und mit 1 Liter Wasser auffüllen. Bei kleiner Hitze ca. 20 - 25 Minuten garen. Anschließend durch ein Sieb passieren und nochmals aufkochen. Sahne mit Maismehl verrühren und die Suppe damit binden. Mit Zitronensaft abschmecken.

Seien Sie sehr vorsichtig mit Cayennepfeffer, da er eine außerordentliche Schärfe entfaltet. Bei sparsamer Dosierung schmeckt die Suppe mild, aber anregend.

Sahnige Zucchinisuppe

Zutaten (für 4 Personen):

1 Zucchini, entkernt und gewürfelt, 1 vegetarischer Gemüsebrühwürfel, 1 Prise schwarzer Pfeffer, ½ TL Kurkuma, ¼ TL Kreuzkümmel, gemahlen, ¼ TL Ingwerpulver, 250 g Sahne, frische Kräuter, 1 EL Ghee oder Butterschmalz

Butterfett erhitzen, die Gewürze andünsten, bis es duftet. Gewürfelte Zucchini zugeben, mit 750 ml Wasser auffüllen, Brühwürfel dazugeben und ca. 20 Minuten weichkochen. Pürieren, Sahne unterrühren und mit frischen Kräutern bestreuen.

Würzige Tomatensuppe

Eine appetitanregende Gewürzsuppe als Vorspeise oder mit Weißbrot für abends gedacht.

Zutaten (für 4 Personen):

5 - 6 reife Fleischtomaten, enthäutet und in Stücke geschnitten, 1 Lorbeerblatt, ½ TL Kurkuma, 1 TL Vollrohrzucker, 1 TL Paprikapulver, 1 TL frischen Ingwer, geschält, geraspelt, 1 Prise Asa foetida, 1 Prise Salz, 1 EL Butterschmalz, 2 EL Maismehl, 125 g Sahne, geschlagen, 1 EL frische Kräuter, gehackt (z. B. Oregano, Petersilie, Basilikum, Schnittlauch)

Tomaten und Lorbeerblatt in 1/2 Liter Wasser ca. 10 Minuten weichkochen, durch ein Sieb passieren. Butterschmalz erhitzen, die Gewürze und das Mehl einrühren und anschwitzen. Mit der passierten Tomatenbrühe ablöschen und aufkochen. Mit geschlagener Sahne und Kräutern garnieren.

Aromatische Currysuppe

Zutaten (für 4 Personen):

1 EL Butterschmalz, 1 TL schwarze Senfkörner, ¼ TL Ingwerpulver, ½ TL Kurkuma, ¼ TL Currypulver, ¼ TL Kreuzkümmel, gemahlen, 1 Karotte, gewürfelt, 1 kleine Zucchini, gewürfelt, 1 l Gemüsebrühe oder Wasser, 100 g Nudeln ohne Ei

Butterschmalz in einem Topf erhitzen, erst Senfkörner und danach gemahlene Gewürze darin anrösten. Nun das Gemüse dazugeben und mit Brühe oder Wasser auffüllen und die Teigwaren hinzugeben. Bei schwacher Hitze kochen.

Garzeit 10 - 20 Minuten.

Cremige Rote-Bete-Suppe

Zutaten (für 4 Personen):

1 EL Butterschmalz, 1 TL Kreuzkümmelsamen,
1 Prise Kardamom, 1 TL Ingwerpulver, ½ TL Koriander,
gemahlen, 1 Msp. Muskat, 1 Prise Zimt, 1 Prise Nelken,
750 g Rote Bete, 1 - 2 TL Salz, schwarzer Pfeffer,
100 g Crème fraîche oder Sauerrahm,
2 EL Zitronensaft, frische Kräuter

Kreuzkümmel im erhitzten Butterschmalz anrösten, dann Rote Bete und die restlichen Gewürze dazugeben und unter Rühren kurz anbraten. 1 Liter heißes Wasser dazugeben, salzen, Pfeffer dazutun und aufkochen lassen. Nach 20 Minuten Garzeit vom Herd nehmen, im Mixer pürieren und mit Crème fraîche oder Sauerrahm und Zitrone abschmecken. Mit den gehackten Kräutern bestreut servieren.

Schmackhafte Gemüsecremesuppe

Eine milde Suppe, für die Sie auch andere Gemüsesorten wählen können.

Zutaten (für 4 Personen):

1 - 2 Karotten, gewürfelt, 1 Sellerie, geschält, gewürfelt
1 - 2 Zucchini, gewürfelt, 1 l Gemüsebrühe,
1 Prise Pfeffer, 1 Prise Ingwerpulver, 1 Prise Muskat,
1 Prise Kreuzkümmel, gemahlen,
1 EL Ghee oder Butterschmalz,
100 g Sahne, frische Kräuter

Butterschmalz erhitzen, Gewürze anrösten bis es duftet, das kleingeschnittene Gemüse zugeben und einige Minuten unter Rühren mitdünsten. Mit Gemüsebrühe auffüllen und im geschlossenen Topf ca. 20 Minuten garen. Mit dem Mixer pürieren, Sahne zugeben und kurz aufkochen lassen. Mit frischen Kräutern bestreuen.

Geröstete Dinkelgrießsuppe mit Gemüse

Diese Suppe können Sie rasch und einfach zubereiten.

Zutaten (für 4 Personen):

1 EL Butterschmalz, 1 Karotte (ca. 100 g), in dünne Stifte geschnitten, 1 Petersiliewurzel, geschält, in dünne Scheiben geschnitten, ¾ l Wasser, ½ TL Bertram, ½ TL Fenchelpulver, 1 Prise Galgant, ¼ TL Liebstöckel, 40 g Dinkelgrieß, 100 g Sahne, ½ TL Salz, 1 Bund frische Petersilie, fein gehackt

Butterschmalz erhitzen, Grieß einstreuen und anrösten. Nun die Gewürze und das Gemüse zugeben. Mit Wasser ablöschen und aufkochen. Bei kleiner Hitze ca. 20 Minuten gar kochen. Zum Schluß die Sahne unterrühren und abschmecken. Mit Petersilie bestreut servieren.

Soßen

Wir werden nicht nur geboren durch unsere Mutter,
sondern auch durch unsere Mutter Erde, die mit
jedem Mundvoll Nahrung täglich Einzug in uns hält.

(Paracelsus)

Mango-Chutney

Am besten schmecken die grünlich-braunen, kleinen Mangos. Die rötlichen Sorten sehen zwar schöner aus, sind aber säuerlich und ihr Fruchtfleisch ist meist faserig.

Man schneidet sie längs in 3 Scheiben und rundet den Kern heraus. Nun kann man das Fruchtfleisch aus der Schale löffeln.

Zutaten:

2 kleine Mango, 1 grüne Pfefferschote,
½ TL frischer Ingwer, geschält, fein gehackt,
1 TL Salz, 1 TL Crème double,
ca. 1 TL Rohrzucker,
3EL frische Kokosraspeln, Minzblätter, gehackt

Das Fruchtfleisch lösen und mit den anderen Zutaten im Mixer pürieren. Den Brei in eine Schale füllen und mit frischen Kokosraspeln und gehackten Minzblättern bestreuen.

Besser schmecken die Kokosraspeln, wenn sie ohne Fett in der Pfanne angeröstet werden.

Rote Gewürzsoße

Diese Soße eignet sich für alle Nudelgerichte.

Zutaten (für 4 Personen):

1 EL Butterschmalz, ¼ TL Ingwerpulver,
1 Prise Asa foetida, ¼ TL Salz, ¼ TL schwarzer Pfeffer,
¼ TL Kräutersalz, 2 EL Maismehl oder Kicher-
erbsenmehl, ½ l vegetarische Brühe,
1 EL Tomatenmark, 1 kleines Stück Rote Bete,
geschält, geraspelt

Butterschmalz erhitzen, die Gewürze anrösten, bis es duftet. Mehl darüber streuen und mit der Gemüsebrühe ablöschen. Tomatenmark und die geraspelte Rote Bete dazugeben und bei kleiner Hitze garen.

Salbei-Zwiebel-Soße

Für gebratenes Schweinefleisch, Gans oder Ente.

Zutaten (für 4 Personen):

1 mittlere Zwiebel, feingehackt, 2 EL gehackter Salbei,
25 g Semmelmehl, 25 g Butterschmalz,
150 ml Gemüsebrühe,
Salz und Pfeffer nach Geschmack

Butterschmalz erhitzen, Zwiebel und Salbei darin ca. 10 Minuten weichdünsten, Semmelmehl und Gemüsebrühe zugeben und einige Minuten bei kleiner Hitze köcheln lassen. Mit Salz und Pfeffer abschmecken.

Pikante Basissoße

Eine Basissoße für Gemüse-, Getreide- und Nudelgerichte. Je nach Geschmack können auch andere Gewürze gewählt werden.

Zutaten (für 4 Personen):

2 EL Butterschmalz, ¼ TL Ingwerpulver, 1 Prise Kreuzkümmel, gemahlen, 1 TL Kurkuma, evtl. 1 Lorbeerblatt, 1 EL Maismehl, 250 g Sahne, Salz, Pfeffer

Butterschmalz in einem Topf erhitzen, die Gewürze kurz anrösten. Mit Sahne und etwas heißem Wasser löschen und mit Salz und Pfeffer abschmecken. Ca. 10 Minuten kochen, evtl. mit Mehl binden.

Vegetarische Gerichte

Würziges Mangoldgemüse mit gegrilltem Schafskäse

Zutaten (für 4 Personen):

800 g kleingeschnittene Mangoldblätter, 1 EL Butterschmalz, 1 EL braune Senfkörner, 1TL Fenchelsamen, 1/4 TL Kurkuma, 1 Prise schwarzer Pfeffer, 1 Prise Asa foetida, 1 Prise Muskat, 50 g Sahne, 200 g Schafskäse, 1 EL Kümmel, 1 Becher Crème fraîche

Butterschmalz erhitzen. Zuerst die Senfkörner anrösten, bis sie springen, dann Fenchelsamen und gemahlene Gewürze zugeben und umrühren. Mangoldblätter zufügen und mit wenig Wasser ca. 15 Minuten offen garen, Sahne zufügen und mit Salz abschmecken.
Schafskäse kleinschneiden und mit Kümmel und Crème fraîche verrühren. Im Backofen ca. 15 Minuten überbacken.

Kartoffelcurry mit Mohnsamen und Ingwer

Zutaten (für 4 Personen):

500 g Zucchini, 500 g festkochende Kartoffeln, 2 frische Chilischoten, 1 Stück frische Ingwerwurzel, (ca. 2 cm lang), gerieben, 6 EL weißer Mohn zerstoßen oder in der Kaffeemühle gemahlen, 2 EL Butterschmalz, 1 TL Kurkuma gemahlen, 1 TL edelsüßer Paprika gemahlen, ¼ TL Chili gemahlen, Salz

Geschälte Kartoffeln und Zucchini in Würfel schneiden. Butterschmalz erhitzen und die Gewürze kurz anrösten, bis es duftet. Kartoffel, Zucchini und Chilischoten zufügen, gut umrühren und mit 400 ml Wasser auffüllen. Salzen und aufkochen lassen. Den gemahlenen Mohn darüber streuen und bei kleiner Hitze so lange kochen, bis die Kartoffeln weich sind. Zwischendurch umrühren, damit das Gemüse nicht anbrennt.

Köstliches Blumenkohlcurry

Zutaten (für 4 Personen):

1 großer Blumenkohl, 250 g Pellkartoffeln (evtl. vom Vortag), Salz, 1 EL Butterschmalz, 1 TL schwarze Senfkörner, 1 TL Kurkuma, ½ TL Cayennepfeffer, ½ TL Koriander, 1 Zwiebel, 1 Tomate, Saft von einer Zitrone, 1 EL Sonnenblumenkerne, Kräutersalz

Blumenkohl waschen, in Röschen teilen. Gekochte Kartoffeln schälen und würfeln. Butterschmalz erhitzen, die Senfkörner anrösten, bis sie hochspringen. Die kleingeschnittene Zwiebel und die gemahlenen Gewürze zugeben und andünsten. Blumenkohl und 1 Tasse Wasser zufügen, salzen und 10 Minuten zugedeckt köcheln. Als nächstes die Kartoffelwürfel und die in Stücke geschnittene Tomate dazugeben und weitere 5 Minuten dünsten. Mit gerösteten Sonnenblumenkernen bestreut servieren.

Delikate Zimtkarotten

Ein sehr ungewöhnliches, aber köstliches Gericht.

Zutaten (für 4 Personen):

750 g Karotten in Stifte schneiden, 2 EL Butterschmalz,
3 EL Kokosflocken, 1 EL Kichererbsenmehl,
2 EL Rohrzucker, 1 ½ TL Zimt,
eingeweichte Rosinen

Karotten in wenig Wasser dämpfen, bis sie weich sind, Gemüsewasser aufheben. Butterschmalz zerlassen,Kokosflocken anrösten, Mehl zugeben sowie Zucker und Zimt. Mit dem Gemüsewasser ablöschen und mit Pfeffer abschmecken, Soße kurz durchkochen lassen und die Karotten dazugeben.

Dazu paßt Basmati-Reis.

Champignons in raffinierter Tomatensoße

Zutaten (für 4 Personen):

700 g Champignons oder Egerlinge, 1 EL Butterschmalz, 1 Prise gemahlener Asa foetida, ½ TL Kreuzkümmelsamen, 3 frische grüne Chillies (für einen milden Geschmack entkernen) oder 1 - 2 getrocknete Chillies, ¼ TL Kurkuma, 450 g enthäutete Tomaten, gewürfelt, 1 TL Salz, ¼ TL Zucker

Butterschmalz erhitzen, Kreuzkümmelsamen anrösten, dann die gemahlenen Gewürze zufügen, umrühren, bis es duftet. Die geputzten Pilze in den Topf geben, anschließend die Tomaten, Salz und Zucker zufügen. Bei kleiner Hitze ca. 20 Minuten köcheln lassen, abschmecken und servieren.

Besser ist es, dieses Gericht ca. 2 Stunden vor dem Essen zuzubereiten, damit der Geschmack sich besser entwickeln kann. Vor dem Servieren dann nochmals kurz erwärmen.

Dazu paßt Weißbrot oder Basmati-Reis.

Würziges Pilz-Tomaten-Ragout mit Thymian und Rosmarin

Zutaten (für 4 Personen):

*500 g Tomaten, 500 g Austernpilze, 250 g Zwiebeln,
5 - 8 EL kaltgeschlagenes Olivenöl, Salz,
schwarzer Pfeffer aus der Mühle, 1 TL Mandelmus,
100 g Mandeln, gehackt oder blättrig geschnitten,
½ TL Rohrzucker, Thymian und Rosmarin nach
Geschmack*

Die Tomaten werden in kochendes Wasser getaucht, abgezogen und in Würfel geschnitten. Die Mandeln überbrühen, abschrecken und häuten. Die Zwiebeln putzen und sehr klein hacken. Die gesäuberten Austernpilze in schmale Streifen schneiden. Olivenöl erhitzen, Zwiebel andünsten, dann die kleingeschnittenen oder getrockneten Kräuter sowie Zucker zufügen und gut umrühren. Zum Schluß die Tomatenwürfel, das Mandelmus und die Pilze unterrühren und ca. 15 Minuten schwach kochen lassen. Die Mandeln in einer trockenen Pfanne rösten und zum Servieren über das Gemüse streuen.

Beilage: Reis, Nudeln, Kartoffeln

Zucchini in Joghurtsoße mit Curry-Blättern und Ingwer

Zutaten (für 4 Personen):

1 kg Zucchini, 4 Tomaten, 1 EL Butterschmalz,
¼ TL Kreuzkümmelsamen, 1 cm langes Stück Ingwerwurzel, feingehackt, 2 getrocknete rote Chillies,
1 TL Kurkuma, Salz nach Geschmack,
150 ml Joghurt, 8 Curryblätter

Zucchini waschen und in Scheiben schneiden, Tomaten enthäuten und achteln.

Butterschmalz erhitzen, Curryblätter, Kreuzkümmelsamen und Ingwer hineingeben und 1 - 2 Minuten erhitzen. Jetzt Zucchini und Chillies dazugeben, ca. 5 Minuten braten. Hitze verringern und Kurkuma, Salz und Joghurt zufügen und gut umrühren. Zugedeckt ca. 10 - 15 Minuten kochen lassen. Zum Schluß die Tomaten zufügen und kurz miterhitzen.

Dazu paßt Basmati-Reis oder Langkornreis.

Gekochter Salat in Ingwer-Zimt-Marinade

Nach Angaben von John Murrell, der dieses Rezept 1621 niederschrieb, sind für diesen "gekochten Salat" Blumenkohl, Sauerampfer, Brunnenkresse, Porree, Zwiebeln und anderes Gemüse (je nach Jahreszeit) geeignet.

Zutaten (für 3 - 4 Personen):

1 kg Spinat, 60 g Butter, 1 EL Essig,
½ TL Zimt, ½ TL Ingwer, 1 TL Zucker,
30 g Korinthen

Den geputzten Spinat in ganz wenig Salzwasser garen, abgießen und fein hacken. Die Butter in einem Topf zerlassen und die Gewürze und den Zucker hinzugeben. Den Spinat und die zuvor in etwas heißem Wasser eingeweichten Korinthen in den Topf geben und alle Zutaten in der Butter gut durchwärmen lassen.

Dazu passen Kartoffeln oder Basmati-Reis.

Kohl auf römische Art mit Koriander und Kreuzkümmel

Zutaten (für 4 Personen):

1 fester Kopf (ca. 1 kg) Weißkohl, 1 mittelgroße Zwiebel,
½ TL Koriandersamen, ½ TL Kreuzkümmel,
Salz und gemahlener schwarzer Pfeffer,
3 EL Rotwein, 1 EL Olivenöl

Den Kohl grob hacken, die Zwiebel schälen und fein hacken. Koriander und Kreuzkümmel zusammen zerstoßen. Den Wein mit den Gewürzen zusammen aufkochen lassen.
Den Kohl in Salzwasser kochen, bis er gar, aber noch nicht weich ist. Das Wasser abgießen. Die Gewürzmarinade untermischen, wieder in den Topf geben und bei schwacher Hitze gründlich durchwärmen lassen.

Dazu paßt Kartoffelpüree.

Pikante Champignoncreme

Ein leckerer Brotaufstrich für abends.

Zutaten (für 6 Personen):

*250 g feingehackte Champignons, 90 g Frischkäse,
1 kleine Zwiebel, 125 g Butter, 1/2 TL Pippali, zerstoßen
(ersatzweise schwarzer Pfeffer), 1/2 TL Kurkumapulver*

Champignons und kleingeschnittene Zwiebel in Butter ca. 3 Minuten weichdünsten, Gewürze zufügen. Mit Frischkäse zusammen im Mixer pürieren, evtl. leicht salzen. In eine Schüssel füllen und bis zum Servieren in den Kühlschrank stellen.

Eingelegter Sellerie mit Senfsamen

Zutaten (für 4 Personen):

400 g Sellerie, 2 grüne Paprika, eine rote Paprika, eine gelbe Paprika, 4 TL Senfsamen, 200 g Zucker, 4 TL Salz, 4 TL gemahlene Kurkuma, 600 ml Malzessig, 2 EL Maismehl

Das Gemüse putzen, Sellerie und Zwiebeln in Scheiben, Paprika in Würfel schneiden. In eine Schüssel geben und mit kochendem Wasser bedecken. 15 Minuten stehen lassen, dann abseihen, Senfsamen, Zucker, Salz, Kurkuma und Essig in einen Topf geben und zum Kochen bringen. Das abgetropfte Gemüse dazugeben und weitere 5 Minuten unter ständigem Umrühren kochen lassen. Das Maismehl in ½ Tasse Wasser auflösen, in den Topf geben und noch einmal 5 Minuten kochen lassen. In heiße, sterilisierte Konservengläser füllen und luftdicht verschließen.

Auberginen mit Schwarzkümmel

Zutaten (für 4 Personen):

2 mittelgroße Auberginen, 1 EL Butterschmalz,
1/2 TL Bockshornkleesamen, gemahlen,
½ TL Fenchelsamen, ¼ TL Schwarzkümmel,
Salz und Pfeffer, nach Geschmack, ¼ TL Chilipulver,
15 ml Zitronensaft,
Korianderblätter oder Petersilie zum Garnieren

Auberginen in Scheiben schneiden, vierteln und mit Salz bestreuen, 30 Minuten ziehen lassen, abspülen und trockentupfen.
Butterschmalz erhitzen, die Gewürzsamen hinzufügen und anrösten, bis es duftet. Auberginenstücke und Chili dazugeben und zugedeckt ca. 15 Minuten schwach kochen lassen, bis das Gemüse weich ist. Zum Schluß mit Zitronensaft abschmecken.

Beilage: Fladenbrot

Knackige Kreuzkümmel-Kugeln

Diese Knusperkugeln eignen sich zum Knabbern ebenso wie auch als Beilage zu Reis oder Gemüsegerichten, indem man sie einfach über das fertige Gericht streut.

Zutaten:

1 Tasse Kichererbsen, 2 EL Butterschmalz
1 ½ TL Kreuzkümmel, gemahlen
etwa 1 TL Salz nach Belieben
1 Prise Cayennepfeffer

Kichererbsen über Nacht einweichen. Am nächsten Tag im Sieb gut abtropfen lassen. Butterschmalz erhitzen, Gewürze und Kichererbsen zufügen und solange rösten, bis sie knusprig und goldgelb sind (ca. 10 Minuten). Nach Geschmack salzen.

Avocadobrot mit Minze und Ingwer

Zutaten (für 4 Personen):

4 große Scheiben Roggenbrot, Butter
2 Avocados, Zitronensaft
Salz, Pfeffer aus der Mühle,
Minzeblätter,
dünngeschnittende Scheiben
von frischer Ingwerwurzel

Die Brotscheiben buttern, die Avocados schälen, halbieren, den Kern auslösen und in dicke Scheiben schneiden. Auf den Broten verteilen, leicht mit Zitronensaft beträufeln, salzen und pfeffern. Mit Ingwer belegen und mit gehackten Minzeblättern bestreuen.

Pikante Grillkartoffeln mit geröstetem Kreuzkümmel

Ein preiswertes Gericht, das einfach zu bereiten ist und köstlich schmeckt.

Zutaten:

1 - 2 mittelgroße Kartoffeln pro Person, ungeschält, 1 EL Kreuzkümmel, gemahlen, ¾ Tasse Dinkelpaniermehl, 2 EL Sesamsamen, 1 TL Salz nach Belieben, Butterschmalz, frische Petersilie, gehackt

Kartoffeln waschen und halbieren. Kreuzkümmel in einer Pfanne trocken anrösten. Dinkelpaniermehl, Kreuzkümmel, Sesamsamen und Salz vermischen. Kartoffelhälften mit zerlassenem Butterschmalz einpinseln und die Paniermischung darüberstreuen. Auf einem Backblech 40 - 50 Minuten backen, bis die Kartoffeln innen gar sind. Zum Schluß salzen.

Dazu paßt Salat.

Duftender Kartoffel-Reis

Ein ungewöhnliches, aber köstliches Gericht, das sehr schnell zubereitet ist, wenn man noch Reis oder Kartoffeln vom Vortag übrig hat.

Zutaten (für 4 Personen):

250 g Basmati-Reis, 4 - 5 Pellkartoffeln,
1 - 2 EL Butterschmalz oder Ghee, 1 Zwiebel,
2 - 3 Gewürznelken, 3 - 4 Kardamomkapseln,
2 Lorbeerblätter, 1/2 TL Kreuzkümmelsamen,
1/2 TL Kurkuma, 1 Prise Cayennepfeffer,
Salz, 1/2 Becher Naturjoghurt,
1/2 Tasse Wasser

Butterschmalz erhitzen, Zwiebel und Gewürze anbraten, bis die Zwiebel goldgelb geworden ist. Joghurt und Wasser zugeben und aufkochen lassen. Salzen. Den gekochten Reis und die geschälten und gewürfelten Kartoffelstücke zugeben und bei zugedeckten Topf ca. 5 - 10 Minuten kochen lassen. Mit Minze oder Korianderblättern dekorieren.

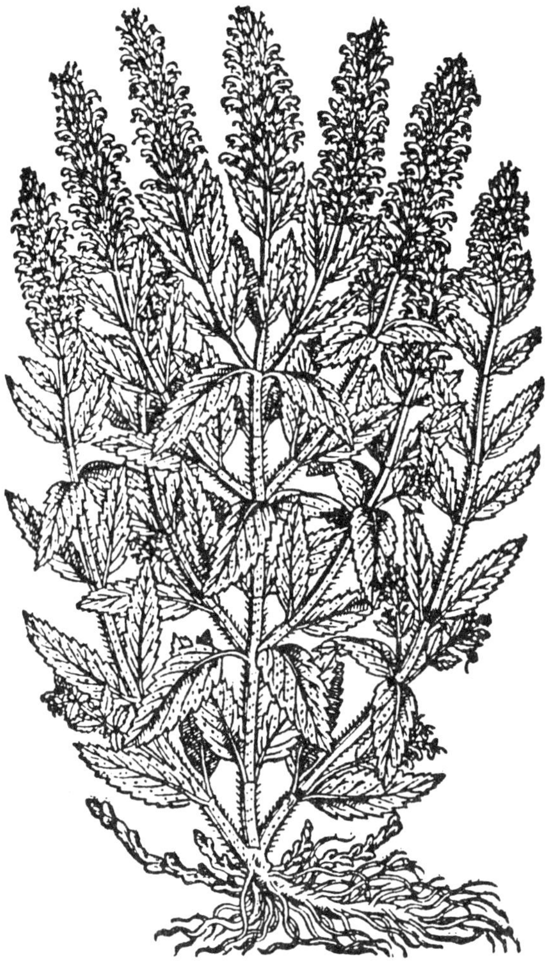

Minze

Zarte Erbsen in leichter Buttersoße

Zutaten (für 4 Personen):

600 g frische Erbsen, 2 EL Butterschmalz,
½ TL Rohrzucker, 3 - 4 Minzzweige,
Salz, Pfeffer, Mandelblättchen,
Minzzweige, zum Garnieren

Butterschmalz erhitzen, Erbsen und Zucker dazugeben und kurz umrühren. 1/2 Tasse Wasser und Minzblätter zugeben und im geschlossenen Topf ca. 15 Minuten schwach kochen. Mit Salz und Pfeffer abschmecken, Mandelblättchen zufügen und die mitgekochten Minzblätter entfernen. Mit frischer Minze garnieren.

Dazu paßt Basmati-Reis oder Pellkartoffeln.

Köstliches Kartoffelcurry

Zutaten (für 4 Personen):

2 EL Butterschmalz, 1 TL schwarze Senfkörner, 1 gestr. TL Kreuzkümmelsamen, 8 - 10 schwarze Pfefferkörner, 2 Nelken, ½ TL frischer Ingwer, geschält und gerieben, ½ TL Koriander, gemahlen, ½ TL Kurkuma, ¼ TL Fenchelsamen, gemahlen, 1 Prise Asa foetida, 1 TL Salz, 3 Lorbeerblätter, 850 g Kartoffeln, geschält und gewürfelt, 400 g gemischtes Gemüse (z. B. Erbsen, Mais, Karotten, Blumenkohl), gewürfelt, 100 g Crème fraîche

Butterschmalz erhitzen, erst die Gewürzsamen rösten (Vorsicht, Spritzgefahr), dann die gemahlenen Gewürze rösten, bis es duftet. Jetzt das Gemüse zugeben, salzen und mit ca. 1/2 Liter Wasser ablöschen. Bei kleiner Hitze ca. 15 Minuten kochen. Vor dem Servieren Crème fraîche unterrühren.

Kartoffelgratin, exquisit

Zutaten (für 4 Personen):

8 - 10 mittlere Kartoffeln, 200 g Sahne,
1/8 l vegetarische Gemüsebrühe, 1 TL Kurkuma,
1 TL Kreuzkümmel, gemahlen, 1 TL Ingwerpulver,
½ TL Koriander, gemahlen, 1 Prise Chilipulver,
1 Prise Muskat, 2 EL Petersilie, gehackt

Kartoffeln in der Schale kochen, abpellen und in Scheiben schneiden. Man kann auch Pellkartoffeln vom Vortag verwenden. Die Kartoffelscheiben in eine gefettete Auflaufform schichten. Gewürze, Brühe und Sahne verrühren und über die Kartoffeln geben. Im Backofen ca. 20 Minuten bei 200 ° C überbacken.

Rotes Linsengemüse mit Bockshornklee

Zutaten (für 4 Personen):

2 EL Butterschmalz, 2 TL braune Senfkörner,
1 TL Kreuzkümmelsamen, 250 g rote Linsen,
1 TL Koriander, gemahlen, 1 TL Ingwerpulver,
1 TL Kurkuma, 2 TL Bockshornkleeblätter,
1 Msp. Asa foetida, ½ frischer grüner Chili,
1 - 2 TL Salz

Butterschmalz erhitzen, Senfkörner und Kreuzkümmelsamen darin anrösten. Anschließend die gemahlenen Gewürze miträsten, bis es duftet. Die eingeweichten Linsen hinzufügen, mit ½ Liter heißem Wasser aufgießen und bei kleiner Hitze gar kochen, bis die Flüssigkeit verdampft ist. Zum Schluß mit Salz abschmecken.

Dazu paßt Reis.

Anmerkung:
Hülsenfrüchte stets vorher einweichen (über Nacht) und bei kleiner Hitze gar kochen. Immer erst zum Schluß salzen. So können sie ausreichend quellen, sind damit leichter verdaulich und verursachen keine Blähungen.

Kichererbsen in würziger Soße

Dieses Gericht sollte im voraus zubereitet werden, weil der Geschmack zunimmt, wenn man es einige Zeit ziehen läßt.

Zutaten (für 4 Personen):

2 EL Butterschmalz, 2 ½ TL Kreuzkümmel, gemahlen, 1 TL Koriander, gemahlen, 1 mittelgroße, rote Pfefferschote, fein gehackt, 3 TL frischer Ingwer, geschält und fein gehackt, 1 TL Kurkuma, 3 TL grober Rohrzucker, 3 Tomaten, enthäutet und fein gehackt, 1 Lorbeerblatt, 250 g Kichererbsen, (über Nacht eingeweicht), 1 ½ TL Garam Masala, 1 TL Zitronensaft, 1 TL Salz, 1 Prise Cayennepfeffer, 1 TL Kichererbsenmehl nach Bedarf, frische Korianderblätter oder Petersilie zum Garnieren

Butterschmalz erhitzen, Gewürze zugeben und anrösten, bis es duftet, danach Tomaten und Zucker zufügen. 1/4 Liter Wasser und Kichererbsen in den Topf geben und ca. 1/2 Stunde bei kleiner Hitze kochen lassen. Mit Kichererbsenmehl binden. Zum Schluß mit Garam Masala und Zitronensaft abschmecken.

Weißkraut nach Winzer Art

Zutaten (für 4 Personen):

50 g Butterschmalz, 1 Zwiebel, 1 EL Wacholderbeeren,
1 EL Lorbeerfrüchte (ersatzweise Lorbeerblätter),
1 Weißkrautkopf in Streifen geschnitten,
300 ml Sahne, 250 ml Weißwein,
500 g Kartoffeln in Würfel geschnitten

Butterschmalz erhitzen, Zwiebeln, Wacholderbeeren und Lorbeerfrüchte andünsten. Weißkraut und Kartoffeln hinzufügen und 5 Minuten schwach dünsten. Sahne und Weißwein unterrühren und ca. 30 Minuten kochen, bis die Kartoffeln weich sind. Mit Salz und Pfeffer abschmecken.

Nichtvegetarier können 200 g Kasseler in Würfel geschnitten zufügen.

Paprikaschoten mit delikater Reisfüllung

Zutaten (für 4 Personen):

10 kleine rote Paprikaschoten, 3 EL Olivenöl, 2 Zwiebeln, kleingewürfelt, 50 g Pinienkerne, 125 g Risotto-Reis, 450 ml heiße Brühe, 3 EL getrocknete Berberitzenbeeren, 1 EL Tomatenpüree, 1 TL Zucker, 1 TL Piment, gemahlen, 1 Prise Chilipulver, 1 Prise Kreuzkümmel, 1 Prise Zimt, 1 TL Kurkuma, 1 ½ TL Salz, 2 EL kleingeschnittene Minzblätter, 2 EL Zitronensaft

Paprika halbieren und entkernen. Öl in einer großen Pfanne erhitzen, Zwiebeln, Salz und Gewürze zugeben und umrühren, bis es duftet. Pinienkerne einstreuen und braun rösten. Reis dazugeben und einige Minuten dünsten. Etwas von der heißen Brühe zugießen, Berberitzenbeeren, Tomatenpüree und Zucker mitdünsten. Immer wieder etwas heißen Brühe nachgießen und unter ständigem Rühren den Reis zur Hälfte garen, dann etwas abkühlen lassen. Mit Minze und Zitronensaft gut durchmischen und in die Paprikaschoten einfüllen. In einer Auflaufform bei 180 ° C im Backofen ca. 30 Minuten backen.

Mariniertes Gemüse - Potpourri

Zutaten (für 6 Personen):

500 g Auberginen, 500 g Zucchini, je 500 g rote, grüne und gelbe Paprikaschoten, 250 g kleine Zwiebeln, 1/8 l Olivenöl, 1/8 l Weißweinessig, 1 Prise Asa foetida, 1 EL frischer Ingwer, kleingeschnitten, 2 Lorbeerblätter, 1 TL Ajowan-Kümmel

Das Gemüse putzen, waschen und in mundgerechte Stücke schneiden. Zwiebel vierteln. Das Gemüse in die Fettpfanne des Backofens legen. Essig, Öl und Gewürze mit Salz und Pfeffer verrühren. Die Marinade über das Gemüse gießen, die Lorbeerblätter dazugeben. Im vorgeheizten Backofen bei 175 ° C (Gas Stufe 2) ca. 50 Minuten schmoren lassen. Im abgekühlten Zustand mit knusprigem Brot servieren.

Für Nichtvegetarier: Eine herzhafte Beilage zu gegilltem Fleisch.

Schmackhaftes Gemüseallerlei

Zutaten (für 4 Personen):

2 EL Butterschmalz, 1 TL schwarze Senfkörner, 1 - 2 TL frischer Ingwer, geschält, gerieben, ½ TL Koriander, gemahlen, ½ TL Asa foetida, ½ TL Kurkuma, ¼ TL Kardamom, ½ TL Kreuzkümmelsamen, gemahlen, 2 Lorbeerblätter, 1 Blumenkohl, in kleine Röschen geteilt, 2 Karotten, gestiftelt, 2 Zucchini, in Scheiben geschnitten, 1 gestr. TL Salz, schwarzer Pfeffer je nach Geschmack (und Schärfe), ¼ TL Muskat, 400 g Sahne, 1 EL frische Petersilie, gehackt, 1 Tasse Wasser

Butterschmalz erhitzen, erst die ganzen Gewürzsamen anrösten, bis sie springen, dann die gemahlenen Gewürze mitrösten bis es duftet. Gemüse zugeben und mit 1 Tasse Wasser ablöschen. Bei kleiner Hitze im geschlossenen Topf ca. 15 Minuten garen. Zum Schluß die Sahne unterrühren und nochmals aufkochen lassen. Mit Petersilie garnieren.

Würzige Stampfkartoffeln

Ein leckeres Gericht, das sehr schnell zubereitet ist, wenn man noch gekochte Kartoffeln vom Vortag hat.

Zutaten:

350 g Kartoffeln, 2 EL Butterschmalz, 1 große Zwiebel, gehackt, ½ TL Kreuzkümmelsamen 2 - 3 getrocknete Chillies, zerkrümelt, ¼ TL Kurkuma, 1 - 2 Tomaten, gehackt, 1 grüne Peperoni, gehackt, ½ TL Salz, 3 EL Petersilie, gehackt

Kartoffeln möglichst ungeschält kochen und abkühlen lassen. Pellen und grob zerstampfen, oder gekochte Kartoffeln vom Vortag verwenden.
Butterschmalz in einem mittelgroßen schweren Topf erhitzen, Zwiebeln, Kreuzkümmelsamen und zerkrümelte, getrocknete Chillies hineingeben, und andünsten, bis die Zwiebeln goldgelb sind.
Zum Schuß die zerstampften Kartoffeln hinzufügen und mit ca. 250 ml Wasser übergießen. Die Mischung bei niedriger Hitze kochen lassen, bis sie Blasen wirft. Gehackte Petersilie unterrühren.

Gewürz-Brotauflauf

Dieses Rezept stammt aus dem Jahre 1734.

Zutaten (für 4 Personen):

600 ml Milch, 1 Msp. Muskatblüte, 1 Prise Salz, 30 g Zucker, 4 Eigelb, 1 kleines Weißbrot, 125 g Datteln, 125 g Rosinen, 30 g Sukkade, gemahlene Muskatnuß, 60 g Butter

Milch, Muskatblüte, Salz und Zucker zum Kochen bringen, vom Herd nehmen und abkühlen lassen. Das Eigelb schlagen und in die Milch rühren. Das Brot in dünne Scheiben schneiden und entrinden. Eine mittelgroße Auflaufform einfetten und den Boden mit Brotscheiben auslegen. Die Datteln fein hacken und einen Teil davon mit ein paar Rosinen, etwas fein gehackter Sukkade und etwas Muskatnuß auf das Brot streuen und Butterflöckchen darauf verteilen. Eine weitere Schicht Brotscheiben in die Form legen und Trockenobst, Muskat und Butter darauf verteilen. Weiter so verfahren, bis die Zutaten aufgebraucht sind; den Abschluß bildet eine Brotschicht. Die Milch- und Eimischung darübergießen, Butterflöckchen darauf verteilen und 45 - 60 Minuten backen (E-Herd 160 ° C/Gas Stufe 1).

Reis mit Berberitzenbeeren

Zutaten (für 4 Personen):

250 g Basmati-Reis, 50 g Berberitzenbeeren,
1 EL brauner Zucker, 1 Glas Wasser
1 EL Butterschalz, etwas Safran

Butterschmalz erhitzen und die Berberitzenbeeren andünsten. Wasser, Zucker und Safran zufügen und solange kochen, bis das Wasser verdunstet ist. Über den gekochten Basmati-Reis verteilt servieren.

Fisch-

und

Fleischgerichte

Der Mensch lebt nicht von dem was er ißt,
sondern von dem was er verdaut.

(Caraka Samhita)

Krabben in Sahnesoße

Zutaten (für 4 Personen):

200 g gekochte Krabben, 2 EL Butterschmalz, 1 Lorbeerblatt, ¼ TL Senfsaat, gemahlen, ¼ TL Kreuzkümmel, ¼ TL Zimt, ¼ TL Nelken, gemahlen, 1 EL Maismehl, 250 ml Sahne, 1 Tasse Wasser, Salz, Pfeffer

Butterschmalz in einem Topf erhitzen, die Gewürze kurz anrösten, das Mehl dazugeben und mit Wasser ablöschen, kurz aufkochen und die Sahne zufügen, mit Salz und Pfeffer abschmecken. Zum Schluß die gekochten Krabben unterrühren und erhitzen.

Dazu paßt Basmati-Reis.

Delikate Lachs-Kartoffel-Pfanne

Zutaten (für 4 Personen):

500 g Kartoffeln, 1 Zwiebel, 1 Stück Ingwer, kleingeschnitten, 1 TL Kurkuma, 300 g Chicorée, 2 EL Ghee oder Butterschmalz, Salz, weißer Pfeffer aus der Mühle, 400 g Lachsfilet, 200 g Schlagsahne, 2 EL scharfer Senf, ½ Bund Schnittlauch

Kartoffeln waschen, 20 Minuten in Wasser kochen, pellen und wie die geschälte Zwiebel würfeln. Den Chicorée putzen, waschen und in Streifen schneiden. Butterschmalz erhitzen, Zwiebel und Ingwer andünsten. Kurkuma dazugeben und 2 Minuten verrühren. Jetzt die Kartoffeln ca. 5 Minuten anbraten, Lachs zugeben und nach 3 - 4 Minuten Chicorée zufügen. Sahne mit Senf verquirlen, unterrühren, kurz aufkochen, alles abschmecken und mit Schnittlauchröllchen bestreut servieren.

Garnelen mit Brokkoli oder Spinat

Zutaten (für 4 Personen):

500 g Brokkoli oder frischer Spinat, 1 Knoblauchzehe, gepreßt, ca. 1 cm Ingwerwurzel, gepreßt, 2 EL Butterschmalz, 50 g Zwiebeln, fein gehackt, ¼ TL Kreuzkümmelsamen, 1/4 TL Chilipulver, ¼ TL Kurkuma, ½ TL Garam Masala, ¾ TL Salz, 250 g Garnelen, frisch oder tiefgefroren, 1 EL Joghurt, 50 g Tomaten, gehackt

Frische Garnelen waschen und trockentupfen. Brokkoli oder Spinat waschen und zerkleinern, dann in einen mittelgroßen Topf füllen, Ingwer und Knoblauch, eine Prise Salz und 100 ml Wasser dazugeben. Im offenen Topf bei mittlerer Hitze garen, bis das Gemüse weich und die Flüssigkeit verdampft ist Butterschmalz in einem zweiten mittelgroßen Topf erhitzen. Zwiebeln und Kreuzkümmelsamen goldgelb werden lassen, dann Chilipulver, Kurkuma, Garam Masala und Salz dazugeben. Diese Mischung unter ständigem Rühren etwa 1 Minute erhitzen und 1 EL Wasser dazugeben . Garnelen und Joghurt nacheinander dazugeben und aufkochen. Tomaten unterrühren und bei niedriger Hitze 2 - 3 Minuten kochen lassen. Das gegarte Gemüse zufügen und nochmals einige Minuten kochen lassen.

Mulligatawny Suppe

Dies ist eine der vielen Variationen der berühmten anglo-indischen Suppe, die traditionellerweise zusammen mit gekochtem Reis in seperaten Schüsseln serviert wird.

Zutaten (für 6 Personen):

2 Hühnerbrüste (ca. 650 g), in Streifen geschnitten, 225 g getrocknete rote Linsen , 2 Knoblauchzehen, zerdrückt, 1 Lorbeerblatt, 2,5 cm Stück Ingwerwurzel, fein gehackt, 3 getrocknete rote Chillies, 6 schwarze Pfefferkörner, gemahlen, 4 große Zwiebeln, in Scheiben, 2 TL Kreuzkümmelsamen, geröstet und gemahlen, 1 TL Kurkuma, gemahlen, 150 ml Kokosmilch, Salz nach Geschmack, 50 g Butter, 4 dünne Scheiben Zitrone

Hühnerfleisch und Linsen mit 1,7 l Wasser in einen Topf geben. Gewürze und die Hälfte der Zwiebeln zufügen und langsam zum Kochen bringen. Ca. 45 Minuten garen. Die ganzen Chillies entfernen, die Kokosmilch und das Salz zufügen. Weitere 15 Minuten bei kleiner Hitze kochen lassen. Die restlichen Zwiebeln in der Butter bräunen und zum Schluß in die Suppe geben. Mit Zitronenscheiben garnieren.

Beschwipste Hähnchenkeulen

Zutaten (für 4 Personen):

4 Hähnchenkeulen, 2 EL Butterschmalz, 1 große Zwiebel, 2 große Tomaten, 1 mittelgroße grüne Paprikaschote, 125 g Pilze, 1 EL Mehl, Salz und gemahlener schwarzer Pfeffer, ½ TL gemahlener Ingwer, 1 EL Paprikapulver, mild, 450 ml Weißwein, 1 EL Tomatenmark, ½ TL Zucker, 1 EL gehackter Kerbel oder Petersilie

Die Hühnerschenkel in 1 EL Butterschmalz braun braten, aus dem Topf nehmen und beiseite stellen. Die Zwiebel in Butterschmalz glasig werden lassen, dann die kleingeschnittenen Tomaten und Paprika, sowie die Pilze hineingeben und leicht anbraten. Mehl anrühren, mit Salz, Pfeffer, Ingwer und Paprika abschmecken. Wein, Tomatenmark, Zucker und Kerbel hinzugeben und alle Zutaten gut durchrühren.
Die Hühnerschenkel in die Soße legen, den Topf zudecken und ca. 30 Minuten bei schwacher Hitze schmoren lassen.

Rosmarinhähnchen á la Roma

Ein sehr feines Gericht, das wenig Arbeit macht.

Zutaten (für 4 Personen):

4 - 6 Hähnchenkeulen, 1 kg kleine Kartoffeln, festkochend, 1 EL Rosmarin, frisch oder getrocknet, Salz, Pfeffer, Olivenöl zum Bestreichen

Backblech fetten, jede Hähnchenkeule in 2 Stücke teilen, Kartoffeln schälen und in Würfel schneiden. Backblech mit Fleisch und Kartoffelwürfel belegen, mit Öl einpinseln. Salzen, pfeffern und mit Rosmarin bestreuen. 1 Stunde im Backofen bei 200 ° C garen.

Dazu paßt Salat.

Marika's Paprikakartoffeln

Dies ist in Ungarn ein sehr beliebtes Essen

Zutaten (für 4 Personen):

50 g kleingewürfelter Speck, 1 EL Butterschmalz (im Originalrezept Schweineschmalz), 2 Zwiebeln, 1 EL Gewürzpaprika, edelsüß, 1 kg Kartoffeln, 200 g Wiener Würstchen oder Cabanossi, Salz

Speck im Schmalz knusprig braten, Zwiebeln andünsten, Topf vom Feuer nehmen, Paprika über die Zwiebeln streuen und umrühren. Die geschälten und im Achtel längsgeschnittenen Kartoffeln hineingeben und gut wenden. Mit soviel Wasser auffüllen, daß alles zur Hälfte bedeckt ist, vorsichtig salzen und zugedeckt 20 - 30 Minuten garen. Nicht umrühren, Topf hin und wieder schütteln. Zum Schluß die in Scheiben geschnittene Wurst dazugeben. Saure Gurken dazu reichen.

Ali Babas Curryfleisch

Zutaten (für 4 Personen):

2 EL Butterschmalz, 2 Gewürznelken, zerdrückt,
½ TL gemahlener Ingwer, 1 ½ TL gemahlener Koriander,
1 TL gemahlenes Kurkuma oder Curry, 1 TL Kümmel,
½ TL gemahlener Zimt, 1/4 TL Chilipulver,
250 g Zwiebeln, in Scheiben geschnitten, 350 g Tomaten,
enthäutet und geschnitten, 1/8 l Brühe, Salz und Pfeffer,
15 g Mehl, 500 g Schweinefilet, gewürfelt

Butterschmalz in einem Topf erhitzen. Nelken, Ingwer, Koriander, Kurkuma oder Curry, Kümmel und Zimt 2 Minuten erhitzen, dann Zwiebel zufügen. Kurz mitbraten, dann Tomaten, Brühe, Chilipulver, zugeben. Mehl mit Salz und Pfeffer mischen, Fleisch darin wenden und in den Topf geben. Zum Kochen bringen und ca. 1½ Stunden weich schmoren.

Mit verschiedenen Beilagen servieren, z. B. eine kleine Portion gekochter Reis, Gurkenscheiben, Tomatenscheiben, Bananenscheiben in Zitronensaft und Joghurt.

Rotgekochtes Wild mit Sternanis

(Rotkochen heißt soviel wie in Sojasoße dünsten)

Ein sehr wohlschmeckendes Gericht mit kräftiger Soße, das sich mit geringem Arbeitsaufwand zubereiten läßt.

Zutaten (für 4 Personen):

2 EL Butterschmalz, 1 kg Rehkeule, in Würfel geschnitten, 1 Sternanis, ½ Gemüsebrühwürfel, 100 ml Sojasoße, 2,5 cm Stück Ingwer, fein gehackt, 2 TL brauner Zucker, 50 ml trockener Sherry, 50 ml Rotwein

Butterschmalz in einem feuerfesten Topf erhitzen und die Fleischwürfel darin anbraten. Den halben Brühwürfel, die Hälfte der Sojasoße und ausreichend Wasser, um das Fleisch zu bedecken, hineingeben. Zum Kochen bringen und für 1 Stunde zugedeckt bei 160 ° C in den Backofen stellen. Jetzt die restlichen Zutaten hineingeben und für weitere 1 - 1½ Stunden schmoren lassen. Ab und zu umrühren. Nach Belieben die Soße etwas binden. Mit Reis oder Kartoffelklößchen servieren. Dieses Gericht läßt sich auch gut mit Rindfleisch zubereiten.

Dinkelreis nach Hausmannsart

Zutaten (für 4 Personen):

2 EL Sonnenblumenöl, 1 Knoblauchzehe, zerdrückt, 1 Zwiebel, feingehackt, 1 Rosmarinzweig, 300 g gemischtes Hackfleisch, 300 g Dinkelreis, 200 ml Weißwein, 300 ml Wasser, 1 Gemüsebrühwürfel, 300 g Gemüse, in Scheiben geschnitten, 150 g Pilze, geviertelt, 200 ml Rahm, 2 EL Petersilie, gehackt

Ol erhitzen, Zwiebel, Knoblauch und Rosmarin andünsten. Hackfleisch zugeben und mitdünsten. Nun den Dinkelreis zufügen und mit Weißwein und Wasser ablöschen. Als nächstes Gemüse und Brühwürfel daruntermischen und 10 Minuten bei kleiner Hitze köcheln lassen. Zum Schluß die Pilze beifügen und weitere 20 Minuten bei ausgeschaltetem Herd ziehen lassen. Vor dem Servieren Rahm und Petersilie daruntermengen.
Der Geschmack von Dinkelreis, auch Kernotto genannt, kommt besser zur Geltung, wenn das Gericht nicht zu heiß gegessen wird.

Ungarisches Paprikahähnchen

Zutaten (für 4 Personen):

1 junges Brathähnchen (etwa 800 g), Salz, Räucherspeck,
1 Zwiebel, 1 EL Paprika, edelsüß, etwas Knochenbrühe,
Hühnerleber, ¼ l saure Sahne

Hähnchen in 8 Teile zerlegen. Speck würfeln und im heißen Topf auslassen. Zwiebel zufügen und kurz vom Herd nehmen. Paprika einstreuen und das Fleisch wieder einlegen. Vorsichtig umrühren und wieder auf den Herd stellen. Ein wenig Knochenbrühe zugießen und bei kleiner Hitze ca. 1 Stunde dünsten. Jetzt die Hühnerleber zugeben und weitere 10 Minuten dünsten. Zum Schluß die saure Sahne unterrühren und nochmals aufkochen lassen.

Dazu passen Spätzle.

Kaninchen mediterranè

Zutaten (für 4 Personen):

Vom Kaninchen:
1 Leber, 1 Rücken, 2 Keulen, 2 Läufe

3 -4 EL Olivenöl, einige Safranfäden, 1 gehackte Zwiebel, 2 Thymianzweige, 2 Knoblauchzehen, 10 Rosmarinnadeln, 3 Lorbeerblätter, 6 Gewürznelken, 1 Tomaten, 1 Karotte, 1 kleine Zucchini, 1/4 l Wein, 1/4 l Brühe, 2 EL Sahne, Muskatnuß, Salz und Pfeffer

In einem großen Topf Öl erhitzen, die Leber darin anbraten und wieder herausnehmen. Dann die anderen Kaninchenteile kräftig im Topf anbraten. Gewürze und kleingeschnittenes Gemüse zugeben und mitrösten. Dann mit Wein ablöschen, Brühe zugießen und mit etwas Muskat würzen. Im geschlossenen Topf ca. 1 Stunde im Backofen bei 160 ° C garen. Das Fleisch herausnehmen und die Soße durch ein Sieb passieren. Die Leber wieder zugeben und die Sahne unterrühren. Zum Schluß abschmecken.

Kaninchen in feiner Zitronen-Zimtsoße

Zutaten (für 4 Personen):

1 Kaninchen, Salz, Pfeffer, Öl, 1 Knoblauchzehe, gepreßt, 2 Bund glatte Petersilie, grob gehackt, Saft von 1 Zitrone, 2 Zitronen, ½ TL Zimt, 1 TL scharfer Paprika, 4 EL Pinienkerne

Das Kaninchen in Portionsstücke teilen, salzen und pfeffern und in Öl in einem Bräter anbräunen. Die gepreßte Knoblauchzehe und Petersilie zugeben. Das Fleisch mit dem Zitronensaft übergießen. Die Zitronen gründlich mit heißem Wasser abwaschen, in Scheiben schneiden und über das Fleisch verteilen. Zimt und Paprika über das Fleisch streuen. Bedeckt und bei geringer Hitze 40 Minuten schmoren lassen. Die Soße abschmecken, Pinienkerne trocken in der Pfanne anrösten und darüberstreuen.

Zarte Hähnchenkeulen in leicher Zitronensahne

Zutaten (für 4 Personen):

4 Hähnchenkeulen, 1 Zwiebel, 1 EL kleingeschnittener Ingwer, 1 TL Pippali, zerstoßen, 1 unbehandelte Zitrone, 200 g Crème fraîche, 2 EL Sahne, frische Kräuter, Salz

Zwiebel kleinschneiden, mit den Gewürzen, Crème fraîche und Sahne verrühren. Die Hälfte dieser Mischung in einen zuvor gewässerten Römertopf geben, die Hähnchenkeulen darauflegen, salzen und mit der restlichen Gewürzsahnemischung bestreichen. Eine Zitrone in dünne Scheiben schneiden und auf das Geflügel legen. Römertopf in den Backofen schieben (1. Leiste von unten). 1 ½ Stunden bei 180 ° C garen.
Vor dem Servieren Zitronenscheiben entfernen und mit frischen Kräutern bestreuen. Dazu passen Kartoffeln und helles Gemüse, wie z. B. Blumenkohl oder Spargel, aber auch Reis oder Nudeln.

Mariniertes Hähnchen, Feinschmecker Art

Zutaten (für 2 Personen):

*350 - 400 g Hähnchenbrust, 50 g Zwiebeln, gehackt,
1 Knoblauchzehe, gepreßt, ca. 1 cm Ingwerwurzel,
gepreßt, 1 grüne Peperoni, 1 EL Magermilchjoghurt,
¼ TL Chilipulver, ¼ TL Garam Masala,
1 Prise Muskat, gemahlen, 2 TL Zitronensaft,
2 EL Korianderblätter, gehackt, ½ TL Salz*

Hähnchenbrust enthäuten, waschen und trockentupfen. An 3 - 4 Stellen diagonal einschneiden. Die übrigen Zutaten in einem elektrischen Mixer zu einer glatten Paste verarbeiten. Gewürzpaste auf dem Fleisch verstreichen, dabei kräftig einreiben. Das marinierte Fleisch über Nacht oder mindestens 3 Stunden vor der Zubereitung in den Kühlschrank stellen. Hähnchenbrust 4 -5 Minuten unter einem heißen Grill garen. Hitze reduzieren und weitere 15 - 20 Minuten grillen. Nach der Hälfte der Zeit wenden. Sofort heiß servieren.

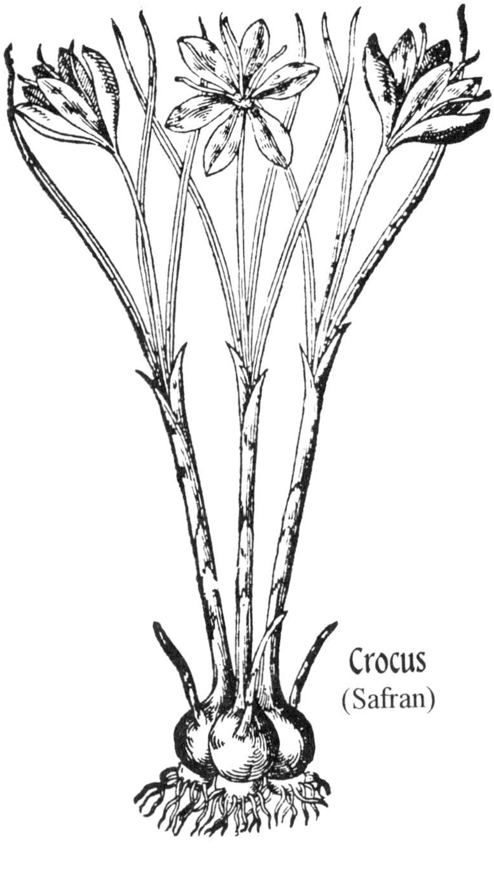

Crocus
(Safran)

Desserts

Wenn der Vater einer Krankheit oft unbekannt ist, die Mutter ist immer die Ernährung.

(Volksspruch)

Der Drang nach Süßem

Zum Abschluß dieses Buches noch ein Wort zu einem Bedürfnis, das wir alle schon einmal empfunden haben, nämlich am Schluß einer Mahlzeit etwas Süßes zu essen.

Nach stark gewürzten, scharfen oder knoblauchreichen Speisen tritt dieses Bedürfnis besonders auf, unser Körper verlangt geradezu danach. Andererseits wissen wir aber, daß Süßes, das in dem ohnehin schon vollen Magen längere Zeit liegen bleibt, durch den Zuckergehalt leicht zur Gärung neigt. Die Entscheidung für oder gegen Nachspeise ist unter Umständen schwer zu treffen.

Ein Rat: Geben Sie dem Wunsch nach, beschränken Sie aber die Menge auf ein vernünftiges Maß. Oft genügen schon 1 - 2 Datteln um den Körper zu befriedigen. Oder eins der folgenden Desserts, wie z. B. die Nervenkekse, deren Zubereitung am Ende dieses Kapitels beschrieben ist.

In einigen wenigen Dessert-Rezepten werden zur Zubereitung Eier verwendet, deshalb hier ein paar klärende Worte zum Ei. Unbestritten zählt es aufgrund seiner Bestandteile zu den wichtigsten Grundnahrungsmitteln, die wir kennen. Zugegeben, das Ei enthält wohl das allseits gefürchtete Cholesterin, doch unser Körper nimmt - das sei hier nochmals wiederholt - nur 20 % des Cholesterins aus der Nahrung auf. Die restlichen 80 % bildet der Körper selbst. Das Ei aber enthält vor allem das für die Nervenfunktion so wichtige Lecithin, und das wirkt - für viele unbekannt - cholesterinsenkend. Ein wichtiger Bestandteil des Lecithins wiederum ist das Cholin. Ein Mangel daran kann beim Menschen zu schweren Stoffwechselstörungen und zur Schwächung der Immunabwehr führen.

Nicht im Eiweiß, sondern im Eidotter finden wir den höchsten Eiweißgehalt und am leichtesten verdaulich sind weichgekochte oder rohe, geschlagene Eier. Wenn das Ei einen schlechten Ruf hat, dann besonders wegen der Gefahr der Salmonellenbesiedlung. Für solche und ähnliche Krankheitserreger ist das Ei ein günstiger Nährboden. Hier ist tatsächlich Vorsicht am Platze. Wer allerdings Eier von Hühnern bezieht, die artgerecht gehalten und natürlich ernährt werden, kann dieser Gefahr weitgehend aus dem Weg gehen.

Fazit: Abgesehen von dieser Einschränkung sollte man das Ei als Träger lebenswichtiger und hochwertiger Nahrungs-bestandteile beruhigt auf dem Speisezettel belassen.

Delikate Bananen

Ein leckeres, besonders auch bei Kindern beliebtes Dessert, das schnell zubereitet ist.

Zutaten (für 4 Personen):

2 Bananen, in Scheiben geschnitten, 4 EL Sahne,
1 Prise Zimt, 1 EL Rohrzucker,
2 EL Pistazienkerne, fein gehackt

Bananenscheiben auf einem Teller verteilen. Sahne, Zimt und Zucker kurz aufkochen und über die Bananen gießen. Mit Pistazienkernen garnieren.

Falls erhältlich, können Sie frische Granatapfelkerne darübergeben, was geschmacklich und optisch sehr reizvoll ist.

Zimtcreme mit Datteln

Ein sahnig-süßes, sehr feines Dessert.

Zutaten (für 4 Personen):

8 Datteln, 1 Prise Kardamom,
¼ TL Zimt, 2 ½ EL Maismehl,
250 g Sahne, 1 TL Zucker,
1 Prise Vanille

Datteln entkernen und kleinschneiden. Mit 1/4 l Wasser weichkochen und pürieren, Gewürze zufügen. Maismehl mit etwas Wasser verrühren und das Dattelmus damit binden. Nach dem Abkühlen die geschlagene Sahne unterrühren und auf Desserteller verteilen.

Birnenauflauf für Leckermäuler

Zutaten (für 6 Personen):

1 kg Birnen, 250 g Zwieback, 4 EL Zucker,
3 Eier, 50 ml Milch, 30 g Butter,
1 TL geriebene Zitronenschale,
½ TL Ingwerpulver, Butterflöckchen

Birnen schälen und in Schnitzen schneiden. Den Zwieback grob zerbröckeln und beides lagenweise in eine gebutterte Auflaufform einschichten. Eier, Zucker, Milch und die flüssige Butter zerquirlen, Zitronenschale und Ingwer beigeben. Darübergießen und Butterflöckchen darauf streuen. Bei Mittelhitze ca. 45 Minuten backen.

Gewürzte Pfirsiche exotisch

Zutaten (für 6 Personen):

1 Dose gelbe Pfirsichhälften, 1 EL Gewürznelken,
½ TL Curry, ¼ TL Zimt,
1/8 TL Muskatnuß, 50 g Butter

Die Pfirsichhälften mit den Gewürznelken bestecken und mit wenig Saft in eine Gratinform legen. Würzen und Butterflöckchen darüberstreuen und im heißen Ofen einige Minuten ziehen lassen.

Paßt auch zu Geflügel und Schinken.

Wohlschmeckender Dinkelbrei

Als leichte Abendmahlzeit geeignet. Als Dessert genügt die Hälfte aller Zutaten:

Zutaten (für 4 Personen):

1 Liter Milch, 1 Prise Salz, 60 g Dinkelschrot,
60 g Dinkelgrieß, 2 EL Birnendicksaft,
2 EL Sultaninen, ¼ TL Zimt,
1 Prise Galgant

Die Milch mit Salz aufkochen, Dinkelschrot und Dinkelgrieß einrühren und 10 Minuten kochen lassen. Anschließend die restlichen Zutaten beigeben und durchrühren. Dieses Gericht kann warm oder kalt gegessen werden.

Beilage:
Vanillesoße oder Früchtekompott

Safran-Rosenwasser-Dessert

Die Safran-Rosenwasser-Kombination macht diese Süßspeise zu einem unvergeßlichen Erlebnis.

Zutaten (für 4 Personen):

½ TL Safran, gemahlen, ¼ Tasse Basmati-Reis, 2 ½ Tassen Sahne, 1 ¼ Tassen Milch, 1 TL Kardamom, gemahlen, oder 2 - 3 ganze Kardamomschoten, ungeschält, 1 Tasse Rohrzucker, 1 TL Rosenwasser, Rosenblüten zum Garnieren

Safran in 2 EL Wasser auflösen. Basmati-Reis ca. 5 Stunden einweichen. 5 EL Wasser, Sahne und Milch in einem Topf aufkochen, Reis, Kardamom und das Safranwasser zufügen. Bei kleiner Hitze ca. 25 Minuten kochen, der Reis nimmt jetzt eine puddingartige Konsistenz an. Rohrzucker zufügen und abkühlen lassen. Zum Schluß Rosenwasser unterrühren. Mit echten Rosenblüten verziert servieren.

Hirsecreme mit Honig und frischem Ingwer

Eine leicht bekömmliche Abendmahlzeit oder als Dessert mit der Hälfte der Zutaten.

Zutaten (für 4 Personen):

250 g Hirse, 50 ml süße Sahne, 1 EL Honig,
1 TL geriebener, frischer Ingwer, Zimt

Hirse mit kochendem Wasser überbrühen, damit sie ihren bitteren Geschmack verliert. Wasser abgießen und mit frischem Wasser garen, bis sie völlig weich und breiig geworden ist. Vom Herd nehmen und abkühlen lassen. Restliche Zutaten unterrühren und servieren.

Nektarreis

Dieses Rezept aus der kaiserlichen Mogulküche ist würdig in den Reigen der göttlichen Speisen aufgenommen zu werden.

Zutaten (für 4 Personen als leichte Abendmahlzeit oder für 8 Personen als Dessert):

250 g Basmati-Reis, 1 l Wasser, 150 g Kokoscreme,
2 EL Rohrzucker, 2 EL Rosenwasser,
½ TL Safran, fein zerstoßen und in wenig Wasser gelöst,
½ TL Kardamom, 250 g gehackte Datteln

Basmati-Reis mit 1 Liter Wasser kochen, bis er ganz weich und breiig ist, dabei öfters umrühren. Kokoscreme im heißen Brei auflösen und abkühlen lassen. Dann die restlichen Zutaten daruntermischen und in Portionsschälchen verteilen. Mit den Dattelstückchen garnieren.

Rosenblütenpuddingcreme

Zutaten (für 6 Personen):

3/4 l Sahne, 1 Handvoll Rosenblüten oder ersatzweise 1 EL Rosenwasser, 1 Prise Safran, gemahlen, 2 Eier, 4 Eidotter, 200 g Zucker, 30 g Gelatine

1/4 Liter Sahne mit den Rosenblüten oder dem Rosenwasser und gemahlenem Safran aufkochen und abkühlen lassen. Mit 2 Eiern, 4 Eidottern und Zucker im heißen Wasserbad cremig schlagen, dann auf eine kalte Unterfläche (z. B. eine mit Eiswasser gefüllte Schüssel) stellen. 30 g aufgelöste Gelatine unterrühren. Restliche Sahne steif schlagen und unter die Creme rühren, sobald sie zu stocken beginnt. Im Kühlschrank erstarren lassen.

Nervenkekse nach Hildegard von Bingen*

Diese Kekse schaffen ein fröhliches Gemüt, einen frohen Mut, ein fröhliches Herz und stärken die Nerven. Besonders bewährt haben sie sich bei der Behandlung von Konzentrationsstörungen bei Kindern. Die Nervenkekse oder auch Intelligenzkekse genannt, stärken alle fünf Sinnesorgane. Erwachsene sollten täglich 4 - 5 Kekse essen, Kinder nur 3 (... sonst werden sie zu schlau).

Zutaten:

300 g Dinkelmehl Type 550, 150 g Butter, 4 gestrichene TL Backpulver, 75 g gemahlene Mandeln, 75 g Rohrzucker, 1 Ei, 3 TL Zimt, 3 TL Muskat, 1/2 TL gemahlene Nelken, 1 - 2 EL Wasser

Aus den Zutaten stellt man einen Knetteig her, formt ihn portionsweise in mehrere Rollen und legt ihn in Folie eingewickelt in den Kühlschrank. Wenn der Teig fest ist, schneidet man ihn wie eine Wurst in Scheiben und bäckt die Kekse bei 180 ° C ca. 8 Minuten.

* Handbuch der Hildegard-Medizin, Dr. G. Hertzka / Dr. W. Strehlow, Bauer-Verlag, 7.Aufl. 1994

Heilwirkung der Gewürze in der Übersicht

Akne:	Bockshornklee, Kurkuma
Allergie:	Kurkuma, Rosmarin, Schwarzkümmel
Appetitstörung:	Bockshornklee, Kardamom, Ingwer, Paprika, Zimt
Atemwegserkrankung:	Ajowan, Chili, Galgant, Safran, Senf, Thymian
Asthma:	Galgant, Kurkuma, Paprika, Pippali, Safran,Schwarzkümmel, Senf
Blasenschwäche:	Koriander, Muskat, Sandelholz
Blähungen:	Anis, Fenchel, Galgant, Ingwer, Kardamom, Knoblauch, Kümmel, Piment, Schwarzkümmel, Süßholz, Asa foetida (Teufelsdreck), Zimt
Blutdruck (regulierend):	Bockshornklee, Ingwer, Knoblauch, Nelke
Blutarmut:	Bertram, Safran, Rosmarin
Blut (zu dick):	Ingwer, Knoblauch, Galgant
Cholesterinerhöhung:	Ingwer, Kurkuma, Knoblauch

Darmerkrankungen:	Anis, Berberitzenbeeren, Bertram, Fenchel, Galgant, Granatapfelkerne, Ingwer, Kardamom, Kreuzkümmel, Kurkuma, Schwarzkümmel Süßholz, Thymian
Diabetes:	Berberitzenbeeren, Bertram, Bockshornklee, Kurkuma, Zimt, Schwarzkümmel, Wacholder
Durchfall:	Bockshornklee, Ingwer, Muskat, Majoran, Sandelholz, Asa foetida (Teufelsdreck)
Durchblutungsstörung:	Ingwer, Chili (Cayennepfeffer), Knoblauch, Schwarzkümmel, Zimt
Erbrechen:	Bockshornklee, Kardamom
Erkältung:	Ingwer, Koriander, Piment, Krauseminze, Salbei, Thymian
Erschöpfung:	Anis, Bockshornklee, Granatapfelkerne, Fenchel, Kardamom, Kurkuma, Rosmarin
Entzündung:	Kurkuma, Nelke, Paprika, Rosmarin, Thymian
Fieber:	Koriander, Ingwer, Pfeffer, Safran, Sandelholz
Frostbeulen:	Senf

Gallenblasenerkrankung:	Anis, Kurkuma, Krauseminze, Schwarzkümmel
Gallensteine:	Berberitzenbeeren
Gedächtnisschwäche:	Ingwer, Granatapfelkerne, Kardamom
Gewichtsprobleme: (Übergewicht)	Berberitzenbeeren, Fenchel, Ingwer, Majoran, Pippali
Haarausfall:	Bockshornklee
Hämorrhoiden:	Salbei, Sandelholz
Hautkrankheiten:	Kurkuma, Bockshornklee, Pippali, Sandelholz, Schwarzkümmel
Harnwegsinfekt:	Koriander
Heuschnupfen:	Kurkuma, Schwarzkümmel
Herzbeschwerden:	Galgant, Ingwer, Kardamom, Knoblauch, Pfeffer, Vanille
Heiserkeit:	Kurkuma
Hitzewallungen:	Koriander, Kreuzkümmel, Fenchel, Salbei
Immunschwäche:	Ingwer, Schwarzkümmel, Zimt, Süßholz
Insektenstiche:	Piment

Juckreiz:	Ajowan, Kurkuma, Salbei, Schwarzkümmel
Keuchhusten:	Ingwer
Kopfschmerzen:	Kardamom, Ingwer, Koriander
Kreislaufbeschwerden:	Cayennepfeffer, Fenchel, Ingwer, Kardamom, Rosmarin, Schwarzkümmel, Zimt
Krebserzeugende Stoffe: (werden neutralisiert)	Ingwer, Kurkuma, Pfeffer, Schwarzkümmel
Leberstörungen:	Kurkuma, Berberitzenbeeren
Magenbeschwerden:	Bertram, Cayennepfeffer, Curry Blätter, Fenchel, Galgant, Ingwer, Kardamom, Kreuzkümmel, Pfeffer, Sandelholz, Süßholz, Zimt
Migräne:	Koriander
Milchbildung (mangelnde):	Anis, Bockshornklee, Schwarzkümmel
Milchbildung (zu viel):	Salbei
Milzerkrankung:	Pippali
Mundgeruch:	Kardamom, Fenchel
Nasen-Nebenhöhlen-erkrankung:	Ajowan, Anis, Bertram, Ingwer, Kardamom, Paprika, Pfeffer, Senf, Süßholz

Nervenschwäche:	Anis, Bockshornklee, Fenchel, Kurkuma, Majoran, Krauseminze, Safran, Schwarzkümmel
Neurodermitis: (siehe auch Hautkrankheit)	Schwarzkümmel, Kurkuma
Nierenerkrankungen:	Koriander, Schwarzkümmel, Süßholz
Nierensteine:	Berberitze
Oedeme: (Wasseransammlung)	Fenchel, Majoran, Schwarzkümmel, Süßholz, Wacholder, Granatapfelkerne
Periodenstörungen:	Safran
Pilzerkrankungen:	Ingwer, Majoran, Asa foetida (Teufelsdreck)
Reisekrankheit:	Ingwer
Reizblase:	Koriander, Nelke, Muskat, Sandelholz
Rheumatismus:	Majoran, Krauseminze, Pippali, Wacholder, Zimt
Schlafstörungen:	Anis, Fenchel, Muskat, Krauseminze, Zimt, Safran

Schwächezustände:	Ajowan, Bockshornklee, Bertram, Curry-Blätter, Fenchel, Granatapfelkerne, Ingwer, Kardamom, Kurkuma, Rosmarin, Schwarzkümmel, Vanille, Wacholder
Schwindel:	Galgant, Ingwer
Sehschwäche:	Bertram, Kurkuma, Fenchel
Sexuelle Schwäche:	Muskat, Safran, Schwarzkümmel
Sonnenstich:	Sandelholz
Stoffwechselstörungen: (zur Entgiftung)	Ajowan, Berberitzenbeeren, Kuruma, Fenchel, Anis, Ingwer, Paprika, Pfeffer, Pippali, Süßholz, Wacholder
Thrombose:	Ingwer, Cayennepfeffer, Galgant
Übelkeit:	Asa foetida (Teufelsdreck), Kardamom
Übergewicht:	siehe Gewichtsprobleme
Verdauungsstörungen: (Verstopfung)	Bertram, Fenchel, Ingwer, Kardamom, Kreuzkümmel, Kümmel, Lorbeer, Majoran, Asa foetida (Teufelsdreck), Wacholder, Zimt
Vorzeitige Altersbeschwerden:	Ingwer, Pippali, Pfeffer

Wechseljahresbeschwerden:	Koriander, Kreuzkümmel, Fenchel
Wurmerkrankung:	Knoblauch, Thymian
Zahnschmerzen:	Nelke
Zahnfleischentzündung:	Salbei

Literatur:

1. Basler Hildegardgesellschaft, Dinkel Kochbuch, Econ, 1996
2. Kräuter und Gewürze, Unipart Verlag, 1995
3. Carper, Jean, Nahrung ist die beste Medizin, Econ, 1996
4. Gir, J., et al., Effect of Ginger on Serum Cholesteral Levels, Indian Journal of Nutritions and Dieteties, 21, 1984
5. Hertzka, G., Dr. und Strehlow, W., Dr., Handbuch der Hildegard-Medizin, Bauer-Verlag Freiburg, 1994
6. Kreuter, Marie-Luise, Nimm Rosen zum Dessert, Ariston VR, 1976
7. Küchenkräuter und Gewürze, Nebel Ratgeber, Nebel Verlag, 1990
8. Most, G. F., Enzyklopädie der Volksmedicin, Verlag Brockhaus, Leipzig, 1843
9. Rodway, Avrie, Kräuter und Gewürze, Tessloff Verlag, 1980
10. Schrott, E., Dr. med., Die köstliche Küche des Ayurveda, Mosaik Verlag, 1995
11. Schrott, E., Dr. med., Ayurveda für jeden Tag, Mosaik-Verlag, 1994
12. Tabernaemontanus, D. Jacobus, Theodorus Neu vollkommen Kräuterbuch, Basel 1731
13. Weise, Otfried, Die 5 Tibeter - Feinschmeckerküche, Integral Volkar Magnum, 1993
14. Willfort, Richard, Gesund leben mit Heilkräutern, P. Weiden Verlag, Porz/Rhein

Bezugsquellen für Gewürze:

Die Gewürze sind in Reformhäusern und Asienläden erhältlich.
Aktuelle Lieferadressen auf Anfrage bei:
Vmg-Verlag 67454 Haßloch, Langgasse 124
Tel.: 0 63 24/8 00 31 Fax: 0 63 24/8 26 10

Notizen:

Notizen: